Auf stillem Pfad

Lieder von Mönchen und Nonnen
des Buddho

Eine Auswahl aus den
Theragāthā und Therīgāthā
des Pālikanon

Neu aus dem Pāli übertragen
und kommentiert
von
Ekkehard Saß

Herausgeberin: Deutsche Buddhistische Union (DBU) e.V.
Amalienstr. 71 in 80799 München

Texterfassung:	Dagmar Baumann
Satz:	Christiane Scharer
Gestaltung und Graphik:	Joachim Storz

Im Titelbild: "Die Sammlung"
Tonplastik von Elvira Saß

ISB 3 - 9804620 - 3 - X
Herstellung: Books on Demand GmbH, Norderstedt

Die vollständige Übersetzung der 1279 Thera - und 522 Therīgāthā erschien im November 2000 als Band 17 der Forschungsberichte zum Forschungsprojekt "Buddhistischer Modernismus" als Online-Publikation der Universität Konstanz:

Theragāthā und Therīgāthā.
Die Lieder der Mönche und Nonnen.

Aus dem Pāli übersetzt von Ekkehard Saß.

Konstanzer Online-Publikations-System:
http://www.ub.uni-konstanz.de/kops/volltexte/2000/571

INHALT

VORWORT

Die *Lieder der Mönche* und die *Lieder der Nonnen (Theragāthā* und *Therīgāthā)* zählen mit Recht zur Weltliteratur. In diesen zweieinhalbtausend Jahre alten Versen aus dem buddhistischen Pāli-Kanon melden sich Männer und Frauen zu Wort, um über ihre tiefen spirituellen Erfahrungen auf ihrem Weg der Befreiung zu berichten. Sie sprechen von ihrer Sehnsucht nach innerem Frieden. Sie sprechen über ihre Kämpfe und Zweifel, aber mehr noch von Einsicht und Glück, von Stille und Freiheit. Ekkehard Saß hat sämtliche Verse aus beiden Sammlungen - es sind insgesamt 1800 - neu übersetzt und eine repräsentative Auswahl von ihnen zusammengestellt. Sie werden hier vorgestellt.

Aus mehreren Gründen ist die Beschäftigung mit den "Liedern" eine Herausforderung. Über die schwierige Aufgabe einer angemessenen Übertragung ins Deutsche wird der Autor selbst berichten. Ich möchte vielmehr einige Gedanken der Frage widmen, was es für die Leserinnen und Leser bedeuten kann, sich auf das vorliegende Buch einzulassen. Zunächst heißt das natürlich, sich in eine längst vergangene kultur- und geistesgeschichtliche Periode zurückzuversetzen und das geistige Ringen von Menschen im fernen und vergangenen Indien nachzuempfinden und zu verstehen. Dabei ist sicher hilfreich, daß die eigentlichen menschlichen Themen und Anliegen aller Zeiten und Kulturen ähnlich sind. Die Suche nach dem Sinn des Lebens und nach Glück und Vollkommenheit bewegen die Menschen seit jeher. Schwieriger schon wird es sein, die ganze Tiefe der Gefühle und Gedanken jener Nonnen und Mönche nachzuvollziehen, die sie oft nur andeuten können, nicht zuletzt weil Worte jene außergewöhnlichen geistigen Erfahrungen nur unzureichend ausdrücken können. Hinzu kommt die Dichte des Ausdrucks jeder gebundenen Sprache und gerade der vorliegenden Verse, bei deren Übersetzung sich Ekkehard Saß in Satzbau, Wortwahl und "Klang" möglichst nahe an das Original anlehnen möchte.

Aber wenn ich von einer Herausforderung an die (buddhistischen vor allem) Leserinnen und Leser spreche, meine ich noch etwas anderes. Jede Übertragung und jeder Versuch der Interpretation von Texten erfolgt mit einem bestimmten Vorverständnis. Ekkehard Saß macht die Grundzüge seiner Sichtweise in der Einleitung erkennbar.

Zum einen ist er nicht gewillt, alle in den "Liedern" formulierten Aussagen hinsichtlich ihres Wahrheits- und Sinngehaltes zu akzeptieren. Beispielsweise würdigt er jene Passagen kritisch, die für ihn eine inakzeptable Leib- und Lustfeindlichkeit des Theravāda ausdrücken, und andere, die dessen Frauenfeindlichkeit widerspiegeln. Er läßt dabei offen, ob in den Versen mit einem entsprechenden Tenor (noch) der Geist des Buddha und der seiner ersten Schüler zu uns spricht oder mehr der späterer Redaktoren und Bearbeiter. Das wird an anderer Stelle zu untersuchen sein. Es ist zu erweisen, ob und inwieweit nach dem Tod des Buddha beziehungsweise nach dem Ende seiner eigenen Lehrtätigkeit aus einer berechtigten Zurückweisung naiver Glückserwartung durch sinnliche Erlebnisse eine überzogene und rigide Ablehnung aller weltlichen Genüsse und Freuden wurde. Es wäre ebenfalls zu klären, warum und wie zum Schutz von Frauen gedachte Regeln in der späteren Tradition vielfach zu Instrumenten ihrer Bevormundung und Unterdrückung werden konnten.

Darüber hinaus stellt der Autor vieles von dem in Frage, was aus guten Gründen zum Kernbestand der Wirklichkeitssicht der meisten Buddhistinnen und Buddhisten zählt. Aus der Perspektive des humanistisch geprägten und einem naturwissenschaftlichen Weltbild verpflichteten Autoren bedürfen alle Aussagen über Jenseits und Transzendenz einer "zeitgemäßen Interpretation". "Himmlisches" oder "höllisches" Sein gelten ihm daher eher als metaphorische Ausdrücke denn als reale (nachtodliche) Erlebnismöglichkeiten. Aussagen über Fortexistenz und Wiedergeburt haben nach Saß mehr symbolischen Charakter und repräsentieren Facetten eines eher überholten menschlichen Denkens und nicht tatsächliche existenzielle Gegebenheiten.

Im deutschen Buddhismus sind diese Auffassungsunterschiede nicht neu, schon am Anfang des 20. Jahrhunderts wurden sie intensiv diskutiert. Und gerade in einer Zeit wie der heutigen, in der Spiritualität alles in allem ein eher geringer Stellenwert beigemessen wird und ein naturwissenschaftlich-technisches Weltbild dominiert, gilt es authentische buddhistische Positionen (immer wieder) neu zu bestimmen und eine realistische Betrachtung der Daseinswirklichkeit zu vermitteln. Wir haben zu prüfen, ob die "Materie" tatsächlich als Grundlage des Lebens und des Geistes zu betrachten ist oder ob die Dimension des Dinglich-Materiellen (nur) eine Spielart unserer Erlebnismöglichkeiten darstellt - mit allen praktischen Folgen. Sind wir Teil einer "objektiven Welt", oder sind "Ich" und "Welt" Spiegelung geistig-seelischer Kräfte? Unterliegen wir den Gesetzen der Natur oder denen des Geistes? Sollen wir uns in diesem Leben (möglichst gut) zurecht finden und behaupten, oder geht es darum, alle Scheinrealität zu durchschauen und zu überwinden?

Auf stillem Pfad ist ein wichtiger Anstoß in dieser Auseinandersetzung, und deshalb hat sich die DBU zur Herausgabe dieses Auswahlbandes entschlossen. Sie sind herzlich eingeladen, den skizzierten Fragestellungen selbst nachzugehen. Wie immer sie von Ihnen persönlich beantwortet werden mögen, entscheidend aber ist: Die *Theragāthā* und *Therīgāthā* sind und bleiben ein großartiges Zeugnis des menschlichen Bemühens, ein ganz dem Spirituellen gewidmetes Leben zu führen. Sie zeigen einen hohen ethischen Anspruch und den dringenden Wunsch, dem eigenen Geist ungekannte, erhebende und befreiende Horizonte zu öffnen. Sie lassen Skepsis und Hoffnung, Rückschläge und Fortschritte und am Ende den Durchbruch zur Freiheit erkennen. Aus all diesen Gründen können die *Lieder der Mönche und Nonnen* den Menschen auch heute noch berühren.

Alfred Weil

EINLEITUNG

Der Zugang

Über zwanzig Jahre ist es her, seit ich zum erstenmal diesen "Liedern" begegnet bin, die den frühen Mönchen und Nonnen des Buddho zugeschrieben werden. Im Zuge meiner "Gier" nach allem, was mit Buddhismus zu tun hatte, waren es vor allem die drei großen Bände der Übertragungen aus dem Pāli-Kanon von Karl Eugen Neumann, die mich nach der Umschau in allen buddhistischen Schulen in ihren Bann zogen. Es war schon fast beängstigend, wie ich der Sogwirkung dieser Texte erlag, wie sie mich sozusagen mit Haut und Haar verschlingen wollten, wie sie mich dazu brachten, eigene Schritte auf einem Weg zu tun, der mich mit jedem Schritt leidfreier zu machen versprach.

Der dritte Neumann-Band mit den vier wichtigsten Verssammlungen aus dem "gemischten" Korb des Pāli-Kanons schien noch einmal die "Lehre der Alten" (Theravādo) in verdichteter Form zu enthalten und sie aus sehr unterschiedlichen Blickwinkeln zu vermitteln. Die erdrückende Fülle mit ihren beschwörenden Wiederholungen störte mich damals nicht. Ich las und las und staunte und staunte und fragte und fragte, - und fand immer wieder einzelne prägnant formulierte Gedanken, denen ich begeistert zustimmen, die ich länger betrachten konnte.

Etwas seltsam Endgültiges ging von diesen Texten aus. Es konnte einem zuweilen angst und bange werden vor so viel Entsagung und Weltflucht, die einzig zum höchsten Glück führen sollten. Doch ließ ich mir meine lebenslange Zustimmung zu einem Friedensweg nicht durch asketische Übertreibungen verderben. Überhaupt verlief meine ganze Annäherung an die "Lehre des Buddho" ganz fern von allen traditionellen Bindungen auf individuellem, autodidaktischem Wege. Der abendländische Humanismus, nicht das Christentum, blieb mein Nährboden. Aus der "Lehre des Buddho" nahm ich mir immer nur das heraus, was mir von Nutzen sein konnte, was mich noch glücklicher machen konnte, als ich vielleicht schon war. Niemals war Resignation meine Triebfeder.

Einer seltsamen "Lyrik" begegnete ich da. Sie bewegte sich von einem einfachen Vierzeiler allmählich zu immer höheren Vers-Türmen - und dabei verkündeten sie doch allemal schon zum Ende gekommen zu sein, zum endgültigen Frieden, zum Verlöschen aller Lebenstriebe. Nur wenige Namen, die als "Verfasser" genannt wurden, waren mir vertraut, wie die der großen Nachfolger aus den Sutten: Sāriputto, Ānando, Moggallāno, Revato und wie sie alle heißen. Manche Verse waren mir aus der Lektüre schon bekannt, andere wiederholten sich auffallend oft unter verschiedenen

Namen, als wären da bestimmte Texte wie in das Gehirn eingeprägt worden, quasi eingestempelt. Der "wache Meister" war immer gegenwärtig und um das Ausführen seiner Anweisungen ging es. Man vertraute ihm blind. Und man entwickelte einen durchaus praktischen Sinn für die Übungen, die zu tun er empfahl. Daß auf diesem Weg alles anders verlief als üblich, das gerade gefiel mir. Die Armut an persönlichen Bekenntnissen vergaß ich über der sich wiederholenden Botschaft der Stille. Vor allem war es das Lob der Einsamkeit und Zurückgezogenheit, das mich begeisterte, denn ich suchte sie selbst, als ich auf die Fünfzig zuging und sie intensiv zu erforschen begann.

In kleinen Dosen zog ich mir einzelne Zeilen aus den Sammlungen heraus, manchmal nur ein einziges Wort, und begann, es in mein Leben hineinzunehmen, ihm sozusagen Odem einzublasen.

Die "Experimente" mit dem Dhammo, der "Lehre", begannen. Sie sollten Einfluß auf mein Leben nehmen, es behutsam ein wenig weiter umformen, vor allem es friedvoller, gelassener, noch toleranter machen. Ich nahm die Ideale auf, die ich in meiner Jugend schon als Ziele gesehen und verfolgt hatte, verlieh ihnen noch eine größere Verbindlichkeit. Die "Überprüfung meiner Friedfertigkeit" begann.

Was sich also vor zwanzig Jahren schon stark einprägte und einen gewissen Vorsatzcharakter erhielt, waren etwa einzelne Zeilen und Gedanken aus Neumanns Übertragungen der "Lieder":

Herr Gotamo, der gänzlich durch die Dinge sieht. -
Von Kummer spürt er keine Spur. -
Geborgen bin ich, einsam, ungesellt. -
Ein rechtes Wort, ich hab's gehört. -
Den Tod bedenk ich ohne Angst. -
Allein im Walde leben einsam wir. -
Verweile gern, wo keiner weilt, wo alles jubelt, juble nicht. -
Wie leicht ist, wahrlich, doch mein Leib. -
Kein Dasein hat Beharrlichkeit. -
Der Erbe aller eignen Tat. -
Und stoß die Menge mächtig ab. -
Gedenken taugt uns einzig an Vergänglichkeit. -
Ich freue mich des Lebens nicht, ich freue mich des Sterbens nicht. -
O sieh, wie stark die Lehre wirkt. -
Geborgen bin ich, kenne keinen Haß. -
Den besten Lehrer fand ich da, den Lenker, der wie keiner lenkt. -
Auf mich allein sei mein Verlaß. -
Die freien Lüfte sind uns liebste Freunde. -
Das eigne Heil, man soll es sehn. -
Den Dingen forschen nach bis auf den Grund. -

Die reine Mitte hielt ich recht. -
Bin aller Bruder, aller Freund. -
Mit sich in Frieden, selber froh gefestigt. -
Wehrlos in dieser Waffenwelt. -

Die letzte Zeile machte ich sogar zum Titel einer Rundfunksendung über Wehrdienstverweigerung.

Neumanns Sprache mit ihren zum Teil altertümlichen, ungebräuchlich gewordenen und arg "gewitzigten" Wendungen nahm ich als historisch bedingt hin. Über manche "Ungereimtheiten" sah ich hinweg. Die Prägnanz und Schönheit einzelner Sprüche machte alles wieder wett. Über die Nähe oder Ferne zum Original konnte ich damals nichts sagen, da ich des Pāli noch nicht mächtig war. Neumanns eigener Begeisterung über seine Nachdichtungen konnte ich mich nicht entziehen. So schrieb er im Vorwort zu seiner Dhammapada-Übertragung 1892:

"Vorliegende Umdichtung" ist eine getreues Abbild des Textes. Trotzdem, oder vielleicht weil sie die ursprünglichen Metra wiedergibt, schließt sie sich dem Original, meist bis auf den Wortlaut, vollständig an, fast einem Gipsabgusse nach einer Antike vergleichbar. Daß sie also in keiner Weise den Urtext ersetzen kann, versteht sich. Jedoch halte ich sie für die erste wirkliche Übersetzung: der Kenner möge urteilen. Das große deutsche Volk aber, dem ich sie widme, möge kommen und sich daran erquicken.

Mein Pāli-Selbststudium

Erste Zweifel an Neumanns "Gipsabgüssen" kamen auf, als ich einige Jahre später, 1986, auf die Dhammapada-Übertragung von Paul Dahlke stieß, die Helmut Klar 1969 auf eigene Kosten neu herausbrachte und die glasklaren Erläuterungen von Dahlke neu faßte. Aus dieser Übertragung von 1919 spürte ich sofort eine besondere "Echtheit". Dahlke scheute sich nicht, auch für uns ungewohnte Wortverbindungen zu benutzen und so gewissermaßen vom Pāli her die deutsche Sprache dynamisierend zu "behandeln". Das Büchlein wurde für mich zum täglichen Begleiter.

Ein Freund von Helmut Klar schenkte mir wenig später dessen mit Schreibmaschine geschriebene Pālifassung des Dhammapadam, die zugleich Klars Neuordnung der Verse unter anderen Überschriften enthielt. Das war meine erste Begegnung mit der Pālisprache, wenn ich von den unter Buddhisten viel gebrauchten "Fachwörtern" absehe, die sie gerne im Munde führen.

Als alter Sprachenliebhaber wurde ich nun neugierig auf dieses geheimnisvolle Pāli. Schon 1950 war ich kurz einmal auf Hindustani gestoßen, fing sogar an, die Devanāgari-Schrift zu üben. Das war nun nicht nötig, da es die

Pālitexte seit über hundert Jahren in europäischer Umschrift gab. Kurz entschlossen bestellte ich mir Warders Pāli-Einführung in englischer Sprache und fing an, täglich Pāli zu lernen. Zum erstenmal konnte ich nun die so oft gelesenen deutschen Sätze aus den Lehrreden im Pāli schreiben, lesen und sprechen. Das berührte mich schon seltsam tief. Ich staunte, wie leicht mir das Verständnis der Grammatik und Formen fiel. Mein lebenslanges Studium von Sprachen trug nun seine Früchte. Und wie verwandt waren doch die deutsche und die alte indische Sprache (e i n e ja nur von sehr vielen und nicht d i e , welche Gotamo sprach).

Mit der Anschaffung des großen Pāli-Englisch-Lexikons von Rhys Davids und William Stede (Ersterscheinung 1921, sieben mal neu gedruckt, zuletzt 1986) stand mir ab 1989 nichts mehr im Wege (ich festigte und erweiterte gleich noch mein Englisch dabei).

Der tägliche, liebevolle Umgang mit der Pālisprache wurde ein ganz wesentlicher Teil meiner "Übung", wurde zur "Meditation", zum Nachdenken mit bestimmten Folgen. Das ging so weit, daß ich schließlich schon beim Aufschlagen des Lexikons ruhig und besonnen wurde und die Lehrinhalte fast körperlich spürte. Bald flog die Mittlere Sammlung der Lehrreden aus England heran und nun konnte ich mich endlich an der Quelle laben und begann, täglich Pāli zu lesen und erschloß mir mehr und mehr das Original.

Zum Beginn meines Ruhestandes mit 60 Jahren (1992), den ich auf meine Weise ernst nehmen wollte: zur Ruhe kommen, in der Ruhe stehen bleiben, - wünschte ich mir weitere Schriften von der Pāli-Text-Gesellschaft: die Längere Sammlung der Lehrreden und die Verse der Mönche und Nonnen.

Meine Freude an dem immer tieferen Eindringen in das Pāli wuchs mit jedem Tag. Das Erschließen der überlieferten Lehrsätze und Betrachtungen blieb tägliche Übung. Die Merksätze, die ich mir in den vergangenen Jahren in deutscher Sprache aufgeschrieben hatte, konnte ich nun mit dem Original vergleichen und viel besser und tiefer verstehen. Ich spürte bei den mir zugänglichen Übertragungen ins Deutsche leichte Abweichungen, Ungenauigkeiten und sogar gelegentlich "Irrtümer" auf. Der Wunsch, mich immer mehr nur noch dem Original, der "Quelle" anzuvertrauen, wurde stärker und stärker.

An klarer Quelle

1992 begann ich dann als tägliche Übung, in einen Kalender jeweils einen kurzen oder längeren Text auf Pāli zu schreiben und darunter die genau entsprechende deutsche Fassung der Wörter, wie sie mir das Lexikon verriet. Dabei fand ich besonders hilfreich die etymologischen Hinweise auf die große indo-germanische Sprachfamilie. Ich stieß auf eine überraschende und unerwartete Verwandtschaft. (Nāsā heißt z.B. die Nase und Nāmam der Name).

Zuerst erschloß ich mir auf diese Weise Texte aus den Sutten, dann mehr und mehr aus den großen Verssammlungen, dem Dhammapadam und den Versen der Mönche und Nonnen. Wenn mir etwas zu einer Zeile oder einem Gedanken oder Gleichnis einfiel, schrieb ich darunter meine eigenen Überlegungen, versuchte, mir selbst klarzumachen, was wohl jeweils gemeint sein könnte, was davon überhaupt übertragbar auf eine reale Situation in meinem Alltag war. So wurde der "tote Geist", der auf einem Palmblatt und Papier objektiviert worden war, von einem lebenden Geist der Gegenwart aufgegriffen und behandelt.

> Karohi dīpam attano.
> Mache Insel des Selbsts.

Wie sollte darüber nicht auch heute nachgedacht werden können? An diesem Tag und auch immer wieder an neuen, anderen Tagen? Die Tagesereignisse in meinem Leben hielt ich in Stichworten in dem Kalender fest und sah sie, wenn möglich, im Spiegel des jeweiligen Dhammatextes. Zuweilen erschloß ich mir für einen Tag auch nur ein einziges Pāliwort und begann, darüber nachzudenken oder etwas aufzuschreiben. Aniccam, nirodho, nibbānam, sankhāro, indriyam, visallo, santi waren etwa solche Wörter. Und das war für mich durchaus eine Art "Lehr-Ergründung" als ein wichtiges Hilfsmittel auf dem Wege, als ein "Erwachensglied".

So erfuhr ich eine große Bereicherung meines Lebens durch die Beschäftigung mit der Pālisprache und den Inhalten des urbuddhistischen Kanons. Ich konnte sehr vieles in mein tägliches Leben hineinnehmen und in der Meditation, dem stillen Sitzen auf meinem Holzklotz, fruchtbar machen.

Das Dhammapadam

Der Wunsch, eine eigene größere Übertragung aus dem Pāli ins Deutsche zu versuchen, wurde stärker und stärker und so wählte ich 1993 dann das Dhammapadam, diese berühmte und vielübersetzte Spruchsammlung als erstes Versuchsobjekt. Die Verse hatten mich nun schon viele Jahre begleitet, und ich hatte das Manuskript von Helmut Klar zur Hand. Die Prägnanz, Kürze und Schlichtheit dieser Vierzeiler regte mein Dichtertalent besonders an.

Im Sinne der "Zeitlosigkeit" der Lehre wollte ich mir Zeit für diese Arbeit lassen und doch nicht säumen. So zwang ich mich, jeden Tag e i n e n Vers Wort für Wort zu erschließen (ich schrieb mir unter jedes Pāliwort das entsprechende deutsche Wort) und "entschlossen" zu versuchen, die beste deutsche Version zu finden und sie dann auch so stehen zu lassen ohne noch weiter groß zu zweifeln und zu grübeln. Dahlkes Übertragung diente mir dabei als Kontrolle. Ich begann im Februar 1993 und übertrug den letzten Vers (423) am 10.3.1994. Ein ganzer Zettelkasten hatte sich mit Versen gefüllt, die ich dann auch einmal in die Abfolge von Klar brachte.

Ich war täglich überrascht, wie mühelos sich die deutsche Sprache an das Altindische anschmiegen ließ. Ich brauchte nicht einmal in den Zeilen zu springen und konnte sogar oft die Reihenfolge der Wörter in einer Zeile beibehalten, was mir sehr sinnvoll erschien. Also übertrug ich etwa statt des "normalen" Satzes: *Des Buddho Botschaft ist getan* die Pālireihenfolge wörtlich: *Getan des Buddho Botschaft ist.* (Mit deutlicher Anfangsbetonung des Vollbrachten.) Ich lobte die unglaubliche Geschmeidigkeit der deutschen Sprache und mutete ihr das Äußerste zu. Das Metrum verlangte zwar dann doch gewisse "Opfer", doch war immer mehr möglich, als ich zunächst vermutete. Vom Leser allerdings wird nun eine gehörige Portion Mitarbeit verlangt, eine gewisse Anstrengung oft, um hinter den Sinn des jeweiligen Verses zu kommen. Viele Verse müssen eigentlich länger bedacht werden, bis ein gewisses AHA erscheint. Das ist auch gut so, denn es handelt sich ja hier im Grunde nicht um lyrische "Dichtkunst", sondern um ernste Empfehlungen zu einem glücklicheren, leidfreieren Leben. Das, was Hegel "die Anstrengung des Begriffs" nannte, also der geistige Prozeß, einen Begriff mit immer neuem Leben zu erfüllen, ist hier in hohem Maße verlangt. Vor allem immer wieder bei den unübersetzt gebliebenen Begriffen, von denen wir nie wissen können, ob sie überhaupt im Sinne der alten Inder zu erfassen sind. Es gilt, jede "Begriffsstutzigkeit" zu überwinden, ein Wort völlig unbefangen und neu auf- und anzunehmen, es von innen her mit neuem Leben zu erfüllen, auch jeweils aus der eigenen Lebenserfahrung heraus. Dazu ist das Pāli in hohem Grade prädestiniert, ist es doch eine dynamische, kausative Sprache, mit der sich leicht festgehämmerte Denkbarrieren niederreißen lassen.

Daß meine Übertragung nun schon die 13. deutsche Version geworden war, störte mich in keiner Weise. In englischer Sprache sollen weltweit 70 Übertragungen des Dhammapadam zu finden sein. Und fast gleichzeitig mit mir saß schon wieder ein Liebhaber dieser Verssammlung an einer Prosaübertragung aus dem Englischen, ohne eigene Pālikenntnisse, - und fand sogar einen Verleger.

Die Herausforderung der "Lieder"

Weil mir alles so gut von der Hand gegangen war, suchte ich nach einem neuen Objekt für meine Übertragungskünste. Mit meinem Pāli-Original in der Hand hatte ich schon öfter in Neumanns Übertragung der Mönchs- und

Nonnenverse hineingesehen, neugierig, wie "genau" er eigentlich übersetzt hatte. Und gleich ging das große Verwundern los über die Nähe und Ferne zum Original, über den großen Sprachverlust, der oft eintrat. Ja, gelegentlich meinte ich, reine Phantasie vor mir zu haben.

Besonders "schöne" Verse versuchte ich schon einmal in eine genauere Fassung zu bringen. Tauschte einzelne Wörter aus: das "Nichtirgendetwas" schien mir mehr auszusagen als das "Von Kummer frei". "Befreit" mehr als "heilig". "Vertrauend" mehr als "fromm".

Ich sah mir die Bedeutung der Namen an, die über den Versen standen und erkannte, daß sie oft eine Art Überschrift oder Inhaltsangabe für die folgenden Verse waren. Also eigentlich schon Anstöße zu Übungen, die dem jeweiligen "Sprecher" wichtig waren. Unter diesem Blickwinkel verblaßte auch die Vorstellung, es bei den Namen in jedem Fall mit einer "historischen" Gestalt zu tun zu haben. Die Namen selbst konnten schon zu Anregungen für jeden Tag werden, enthielten eine Art Vorsatzprogramm: Lichthüter, Allfreund, Sorgenfrei, Glückgewinner, Brahmadeich, Ohnegleichen, Ruhmgewinner, Freudiger, Floß, Allwunsch, Glücksessenz, Tugendhafter, Mettagewinner.

Die "Überprüfungen" bei Neumann verstärkten in mir immer mehr die Überzeugung, daß es nach nun bald 100 Jahren an der Zeit wäre, eine genauere und sprachlich modernere Fassung zu versuchen. Auch einige Freunde äußerten das Bedürfnis nach einer "besseren" Übertragung. Es tauchen bei Neumann ja Wörter auf, die längst außer Gebrauch gekommen sind. Wer weiß noch, daß Zagel für Schwanz steht, was glaues Glück ist, ein Höllengauch, eine ungeheißene Welt, daß Hindin für Hirschkuh und Ilph für Elephant steht, daß gewitzigt eigentlich weise meint, und was da "einig wesen" bedeuten könnte? Ganz abgesehen von der christlichen Überfärbung, die in vielen Wörtern zu finden ist, wie Sünde, Sündenknecht, fromm, abbüßen und ähnliche.

Mein Entschluß, eine neue Gesamtübertragung der Möchsverse zu wagen, festigte sich, als Alfred Weil einige meiner Neu-Übertragungen von Mönchs- und Nonnenversen in sein Buch "Wege zur Todlosigkeit" aufnahm.

Ich zögerte nicht mehr lange und schrieb am 25. August 1994 "Thag 1" in meinen Kalender - und fuhr, wie gehabt, geduldig Tag für Tag und Jahr für Jahr fort, die gewaltige Textmasse zu erfassen und zu erschließen.

Die Schwierigkeitsgrade wechselten bei den Mönchsversen stärker als in der Spruchsammlung des Dhammapadam. Doch ließ sich das bewährte Prinzip gut fortsetzen. In einem großen Zettelkasten sammelte ich die gefundene deutsche Version für jeden Vers ein. Rätselhaftes ließ ich erst einmal offen. Viele bekannte Verse aus dem Dhammpadam fand ich wieder und, schwer zu deuten, Standardverse, die unter verschiedenen Namen mehrfach wiederkehrten. Zum Beispiel *Bin tief erfreut am Leben nicht, bin tief erfreut am Tode nicht.* Bei 1279 Versen hatte ich Arbeit für mehrere Jahre vor mir.

Ich wollte mir wieder bewußt Zeit lassen. Der Kalender war ein guter Ansporn zum Dranbleiben. Wieder konfrontierte ich die Ereignisse meines Lebens mit den Lehrinhalten der Verse.

Es ging mir vor allem um das Ergründen der sprachlichen Genauigkeit. Jedes einzelne Wort wurde im Lexikon nachgeschlagen, jede Verbform genau erfaßt. Gerade bei den Verbformen fand ich in den Übertragungen die größten Ungenauigkeiten. Unschätzbaren Dienst bei dieser Verbforschungsarbeit leistete mir die Pāligrammatik von Achim Fahs, der eine Liste seltener Verbformen erstellte, wofür ihm größter Dank gebührt. Nur ganz selten hatte er mal eine Verbform nicht aufgeführt.

Wieder waren mir die etymologischen Hinweise von großer Hilfe bei der Suche nach einem passenden deutschen Wort.

Mit den alten Versmaßen dieser "asketischen Poesie" (Neumann) konnte ich mich nicht beschäftigen. Neumann sprach von der „herben Unbeugsamkeit und feinen Geschmeidigkeit" dieser Verse. Da ist wohl etwas dran. Um in der rhythmischen Sprache zu bleiben, entschloß ich mich, wie Neumann, weitgehend den schlichten Jambus zu benutzen. Nur ganz selten gab es einen Wechsel zum Trochäus (durchgehend nur bei der Nonne Ambapālī). An die Länge der Zeilen hielt ich mich, wenn nur irgend möglich, genau, doch mußte sie ab und zu wegen des Verständnisses um eine Silbe verlängert werden. Die vierfüßige Zeile herrscht in beiden Sprachen nun vor. Längere Zeilen sind aber auch oft im Original zu finden.

Neumann ging wie ein Komponist mit den Versen um. In einem Brief an seinen Freund Giuseppe de Lorenzo, den italienischen Übersetzer aus dem Pālikanon, kritisierte er dessen Verfahren, Zeile für Zeile zu übertragen, wobei schlechte Prosa herausgekommen sei und meinte, die indischen Gāthās würden genau so viel „liebevolle Behandlung und Aufmerksamkeit und heißen Fleiß" erfordern wie die Sonette von Shakespeare, die Lorenzo auch übertragen hatte.

Und er schildert dann s e i n "Verfahren":

Glaubst Du etwa, ich hätte einen einzigen Vers übersetzt, ohne ihn vorher auswendig zu kennen, de coro, by heart, und ohne ihn immer und immer wieder nach allen Seiten hin zu drehn, bis er endlich eine entsprechende Form angenommen? So habe ich gelegentlich an bloßen vier Zeilen zwei und drei volle Tage unermüdlich gearbeitet, auf dem Sofa liegend, auf Spaziergängen, in der Tramway, überall. Anders geht es nicht.

Meine indogermanische Anschmiegung

Auch ich habe es mir nicht leicht gemacht und reklamiere liebevolle Behandlung, Aufmerksamkeit und Fleiß bei jedem Vers. Doch ging es mir nicht um eine "deutsche Komposition", sondern um eine möglichst originalnahe Anschmiegung. Ich mutete der deutschen Sprache sehr viel dabei zu. Ich wollte sozusagen das Pāli hindurchklingen lassen, die Eigentümlichkeiten einer alten Sprache nicht verwischen, die hohe Bildkraft vieler Wörter nicht durch blasse Begriffe schwächen. Früh-indisches Denken hatte lebhafte Wörter wie "Vogelweg" für "Himmelsraum", "Gott" für "Wolke", "Trompeter" für "Elefant", "Schüttler" für "störrisches Pferd". Ein "Nichtfreund" klingt viel sanfter als unser "Feind". "Schlecht" ist milder als "böse". Alles christlich belastete Sprachgut hatte in meiner Übertragung nichts zu suchen. Ein Wort für "Sünde" etwa gibt es garnicht im Pāli. Die in beiden Sprachen oft verwendeten engen Wortverbindungen wollte ich auch gerne erhalten und versuchte zuweilen, die Original-Worttürme nachzubauen. So ist dann zu lesen: Fesselungsgewitterwolke, Kernholzlehre, Satiplattform, Nibbānapfad, Himmelssinnenlüste, Schmutz-Dürre-Kummer, der Buddha-Sonnen-Anverwandte, der Sammlungs-Wissensmeister, das Mārolasttier, der Neunstromkörper, Gras-Holz-Äste-Blattwerk. Der Bindestrich in diesen Übertragungen ist dann oft als ein „und" zu lesen. Also bei Lager-Sitz ist an Lager und Sitz gedacht, die ja für einen Asketen oft identisch sind. Ich denke, das ist dem Leser zuzumuten. Er wird sich mit meinem "Pālideutsch" allmählich befreunden und immer besser verstehen, was mit den Wortverbindungen gemeint gewesen sein könnte.

Das große Streitwort attā habe ich stets mit SELBST übersetzt und nicht reflexiv abgeschwächt. Es wird so am deutlichsten, was mit diesem Begriff in buddhistischer Prägung gemeint war. (*Das SELBST ist nur des Selbstes Schützer.*)

Meine Interpunktion in den Versen ist als Lesehilfe gedacht und soll das Verständnis eines Verses erleichtern. Sie hat nichts mit den üblichen Regeln zu tun.

Die Nähe zum Original in der gehobenen rhythmischen Sprache des Vers- und Spruchcharakters war also oberstes Ziel. Eine Wiedergabe in "erklärender" Prosa hielt ich für unangebracht und völlig reizlos.

Meine Arbeitsweise mögen nun einige Beispiele verdeutlichen.

Accāraddhamhi		viriyamhi	
Beim zu sehr Sichanstrengen		bei der Tatkraft	

Satthā	loke	anuttaro	
der Lehrer	in der Welt	unübertroffen	

vīnopamam		karitvā	me
das Lautengleichnis		gemacht habend	mir

dhammam	desesi	cakkhumā	
die Lehre	wies auf	der Sehende (Augehabende)	

Neumann überträgt:

> Und heftig büßt' ich, allzu hart:
> da kam der Meister her zu mir
> und ließ mich kennen, gab mir kund
> das Gleichnis von der Laute Klang.

Ich versuchte, den Zeilen und der Wortbedeutung treu zu bleiben und faßte auf deutsch:

> Bei allzu überspannter Tatkraft
> der Lehrer, in der Welt der höchste,
> das Lautengleichnis er mir gab,
> wies so die Lehre auf, der Seher.

Wie weit eine sprachliche Anpassung (Anschmiegung) möglich ist, möge noch Vers 614 (Thag) zeigen.

Sīlam	balam	appatimam
die Tugend	Kraft	unvergleichlich
sīlam	āvudham	uttamam
die Tugend	Waffe	höchste
sīlam	ābharanam	settham
die Tugend	Schmuck	bester
sīlam	kavacam	abbhutam
die Tugend	Panzer	außergewöhnlich.

Neumann übertrug:

> Der Tugend eignet größte Kraft,
> der Tugend eignet beste Wehr,
> der Tugend eignet hellster Schmuck,
> ein wunderbares Panzerhemd.

Ich versuchte, dem lapidaren Wortwerk treu zu bleiben und übertrug:

> Die Tugend: Kraft - ganz unvergleichlich,
> die Tugend: Waffe - höchster Art,
> die Tugend: Schmuckstück - allerbestes,
> die Tugend: Panzer - ungewöhnlich.

Wie verschieden die Entdeckungen im Versgebirge der alten Texte auf diese Weise sind, mögen noch einige Beispiele zeigen.

Thag 350 Neumann:

> Von Gliederreißen gleich versucht
> im wilden Walde, hainbehaust,
> in rauher Regel, zäher Zucht,
> wie magst du, Mönch, beharren so?

Ich behielt das Pāliwort für "Rheuma" bei und übertrug:

> Wenn du von Windkrankheit befallen
> beim Leben in dem lichten Wald,
> in rauhen Weidegrund geworfen:
> wie wirst du, Mönch, wohl handeln dann?

Thag 355 Neumann:

> Ich will dich häkeln fest, o Herz,
> genau wie Ilphen ins Gestöck,
> will nicht im Bösen bei dir stehn,
> du fleischgewordner Flausenbalg!

Ich übertrug:

> Ich werde fest dich binden, Herz,
> am Torpflock, wie den Elefanten!
> Nicht dich zum Schlechten werd' ich drängen,
> du Sinnen-Netz, du leibgebor'nes!

Thag 673 Neumann:

> Und hell und heller wird mir nun,
> ich kenn' der Wahrheit köstlich Wort,
> verkündet recht, verkündet rein,
> das alles Hangen heilen kann.

Ich übertrug:

> Ich komme mehr und mehr zum Frieden,
> seit ich gehört die Lehre allzu köstlich, -
> die frei von Reiz gezeigte Lehre,
> nicht haftend mehr allüberall.

Und noch drei Beispiele aus der Nonnenversen:

Thig 137 Neumann:

> Sein Wort, ich hab es wohl gehört;
> gewandert bin ich weiter dann
> als Nonne, hold genommen auf:
> und helle Spur war bald erspäht.

Meine Version:

> Als seine Lehre ich gehört,
> zog ich in die Hauslosigkeit, -
> ich band mich an des Lehrers Wort,
> verwirklichte den Glückespfad.

Thig 490 Neumann:

> Wie Kokosnüsse lockt uns Lust,
> wie Aas, wonach der Geier giert,
> wie Träume trügen lügt die Lust,
> ist ausgeborgt wie Bettelputz.

Meine Version:

> Baumfrüchten gleich die Sinnenlüste sind,
> Fleischfetzen gleich, die Leiden bringen nur, -
> den Träumen gleich, sie täuschen etwas vor,
> die Sinnenlüste sind gleichsam gelieh'nes Gut.

Thig 508 Neumann:

> Um kleines Erdenglück, um Wonne winzig nur
> mag nicht verleugnen hohes Heil,
> nicht schnappen nach der Angel schnell
> und wie der Fisch gefangen sein.

Meine Version:

> Auch nicht um allerkleinstes Sinnenglück
> gib auf das weite, weite Innenglück!
> Nicht wie ein Fisch verschluck den Angelhaken!
> Du wirst danach brutal nur abgeschlachtet!

Gedanken zur religiösen Lyrik

Die Frage, ob wir in den Versen "wirklich" Zeugnisse der Frühzeit haben oder die literarische Sammlung eines oder mehrerer späterer Autoren, wird sich wohl nie eindeutig klären lassen. Mönche und Nonnen als verkappte Dichter, die gar kein Ende finden im "Schmieden" von Versen? Gotamo als emphatischer "Sänger"? *Habt ihr mich je so sprechen gehört?* fragte der frisch "Erwachte" seine ersten Mönche. Darin liegt wohl das Bewußtsein eines neuen Umgangs mit der üblichen Sprache, ein Angehobensein, das wie von selbst in ein Metrum fließt, um das Gewicht einer Erkenntnis, einer tiefen Erfahrung zu betonen. Deshalb muß auch die Wiedergabe dieser Verse in einem längeren Prosatext immer unbefriedigend bleiben, kann dem

Original nicht gerecht werden, zeigt nur, was da überhaupt so gesagt wurde. 1997 brachte Christine Schoenwerth in Utting eine solche Übertragung der Mönchsverse heraus nach einer englischen Fassung.

Das "Buddhawort" in den Lehrreden bleibt ja eher schlicht, sachlich und klar, Verse kommen nicht allzu häufig vor und wenn einmal, dann nur am Schluß als Verdichtung und Zusammenfassung des zuvor Gesagten. Sie wirkten auf mich fast immer als Zusatz eines talentierten Schreibers. Und nun haben wir 263 namentlich genannte Mönche vor uns mit ihren ein bis 73-strophigen Gedichten und auch noch 73 Nonnen mit 522 Versen.

Daß die Verse insgesamt in der altindischen Literatur einen hohen Rang einnehmen, darüber kann es für den unvoreingenommenen Leser keinen Zweifel geben. Die Schönheit und Klarheit vieler Gedanken und Gleichnisse kann uns heute noch stark berühren.

Klaus Mylius schreibt darum mit Recht in seiner zusammenfassenden Darstellung der frühbuddhistischen Literatur:

In diesen beiden Sammlungen (Theragāthā und Therīgāthā) hat die religiöse Lyrik ihre höchste Entfaltung im Rahmen des Pāli-Kanons erlangt.

Daß hier unterschiedliche Autoren am Werk gewesen sind, steht für europäische Indologen fest. Ebenso wie die unterschiedliche Zeit der Entstehung dieser Lieder.

Beide Texte sind in einem unordentlichen Zustand und werden den Anforderungen, die man an Bestandteile eines Kanons stellen zu dürfen glaubt, nicht gerecht. So gibt es zahlreiche Wiederholungen, und zahlreich sind auch die Fälle, in denen offensichtlich zusammengehörige Texte getrennt stehen. Vermutlich ist schon die ursprüngliche Redaktion sehr nachlässig vorgenommen worden, und die Überlieferung hat diesen Zustand beibehalten. (Mylius)

Diese Beobachtung kann ich nach meinem jahrelangen Umgang mit den Versen nur bestätigen. Nicht nur, daß ich immer neue Wörter nachschlagen mußte, auch Verskonstruktion und Satzstellung änderten sich mit dem Umfang der Gedichte. Die unterschiedliche Klarheit und Flüssigkeit einzelner Versgruppen (Gedichte) könnte durchaus einen Rückschluß auf verschiedene Autoren geben. Und es schien mir gut, die unterschiedliche Sprachfertigkeit in einer Übertragung nicht wegzuglätten. Die Indologen sind auch der Überzeugung, daß bestimmte Begriffe sich erst spät herausgebildet haben und in sehr alten Texten überhaupt nicht zu finden sind. Dazu zählt z.B. der Begriff "kilesa" für "Fleck, Beschmutzung". Daß sich eine Sprache im Laufe von Jahrhunderten verändert, ist ja ganz selbstverständlich.

Die Themen der Lieder

Welche Themen behandeln nun diese Verse? Es findet sich in ihnen alles, was mit der "Lehre der Alten" zusammenhängt, wie sie uns im Pāli-Kanon überliefert ist. An erster Stelle das Lob der Einsamkeit, des zurückgezogenen Lebens, der inneren Sammlung und Vertiefung, der absoluten Genügsamkeit.

Man möchte mit dem Mönchsleben alte Gewohnheiten ablegen, neue gewinnen, die vor allem zum Gleichmut führen. Das sanfte, innere Wohl des Ungebundenen, von allen Pflichten Ledigen wird gelobt. Keine Pflichten der Welt gegenüber gibt es, nur noch Pflichten der "Lehre" gegenüber, die aus dem Kreislauf der "Wiedergeburten" befreien will.

Mit vielen Gleichnissen ist diese Sprache angefüllt, ist getragen vom Pathos der inneren Ergriffenheit, des Hochgehobenseins im seelisch-geistigen Streben. Ein abgrundtiefer Ernst liegt in diesen Gedanken und Betrachtungen. Keine Spur von Humor ist zu finden bei dem Versuch, das Lebensleiden zu beenden.

Sehr stark kommt das Bewußtsein durch, zu einer "Elite" zu gehören, "gegen den Strom" zu schwimmen, etwas ganz Feines und Besonderes gefunden zu haben, eigentlich das Beste, was es überhaupt nur geben kann.

Im Mittelpunkt immer wieder das aufmerksame Betrachten der Vergänglichkeit. Man will dem "Māro", dem "Endiger", auf die Schliche kommen, seine Listen durchschauen, ihm nicht in die Fänge geraten, ja ihn sogar "blind" machen, indem man leicht und glücklich in der "Vertiefung" verschwindet.

Man sucht das Reich der Stille, wie es der Lehrer gesucht hat, man sucht wie er den "allerbesten Friedenspfad" und folgt gehorsam und hingebungsvoll allen seinen Empfehlungen, gibt eigenes Nachdenken völlig auf. Man bedenkt und wiederholt nur immer wieder die Hauptlehrsätze zur Leidensüberwindung. So wird allmählich die Angst vor allem, was kommt, besonders eben vor dem Tod, überwunden, und immer dabei das Freudensglück betont, wozu auch die Wahrnehmung der Natur im Jahreswechsel gehört.

Der Felsen dient als Vorbild für Unerschütterlichkeit, kein Orkan kann ihn vom Fleck bewegen, - der Baum als Gleichnis für Abgeschiedenheit und Ruhe: unbewegt steht er da, elastisch im Winde sich bewegend, nachgebend, ohne zu zerbrechen, - der stille See als Identifikationsobjekt, um selbst so still zu werden, - oder so still wie das tiefe Meer unter der wogenden Oberfläche.

Auch der eigene Körper kann zum Gleichnis werden: Die Knochen sind beständiger und "ruhiger" als der wirbelnde und grübelnde Geist. Hier bekommt die Achtsamkeit auf den Körper ihre hohe Bedeutung.

Die hohe Qualität der Naturbeschreibungen wird jeden Leser begeistern. Bunte Fasane, Scharen von roten Insekten, Raubvögel, die Herde von

Kühen, die kletternden Gemsen, Donner und Blitz, die dunklen Regenwolken mit ihren Gestalten, Fische und die zahllosen Laute der Tiere, das Blühen der Bäume und Blumen, die Großartigkeit des Gebirges, - all das tritt sehr plastisch vor Augen. Der Elefant als das größte und majestätischste Tier dient als Gleichnis für den Buddho und seine großen Jünger. Der Löwe jagt uns den heilsamen Schreck vor der Vergänglichkeit ein, darum heißt eine Lehrrede auch "Das Löwengebrüll". Das Pferd aus edler Zucht läßt sich zähmen, so auch der übungswillige Mönch und Mensch. Der Stier zieht geduldig den Pflug, so auch müssen wir unsere Pflichten übernehmen und alle Not durchstehen. Der Affe ist immer das Gleichnis für die sprunghaften Gedanken, den flatternden, unruhigen Geist. *Steh still, du Affe, rase nicht!* heißt es darum auch.

Die spezifischen Probleme eines Mönchslebens, wie es damals geführt wurde, kommen zur Sprache: die Last des Almosengangs, aber auch die Freude, die damit verbunden sein kann. Die Gefahr, von Familien allzu sehr verehrt und geliebt zu werden, wird benannt und gelegentlich ist ein gewisser asketischer Hochmut herauszuhören, wenn davon gesprochen wird, daß ein "Laie", der nicht Mönch werden will, "schlecht" ist, weil er nicht so intensiv strebt. Von "Toren" ist darum auch viel die Rede, die nichts "verstanden" haben, die nicht den "echten" von dem "falschen" Mönch zu unterscheiden wissen.

Zentral - ganz unnatürlich, die Gesetze des realen Lebens auf den Kopf stellend - der Kampf mit den Triebkräften, vor allem mit dem Geschlechtsdrang. Daraus erwächst für europäische Leser und Leserinnen eine schwer zu ertragende Abwertung, ja geradezu Verachtung des weiblichen Geschlechts, die von einer tiefen neurotischen Störung zeugt und nicht gerade "lehrgemäß" ist. Verachtung, Abwertung sollen ja gerade aufgehoben werden. Der Buddho selbst kann kein Frauenfeind gewesen sein, war selbst glücklich verheiratet, kannte die starke Macht des Geschlechtsdranges. Er sprach immer den Frauen die gleichen geistigen Fähigkeiten zu wie den Männern. Doch bleiben im asketischen Weltbild unauflösliche Antinomien bestehen. Im Regelwerk des frühen Ordens nehmen die sexuellen Fragen den größten Raum ein. Bestechend der ehrliche Umgang mit den körperlichen Tatsachen. Es wurde a l l e s abgehandelt, selbst der geschlechtliche Kontakt von Mutter und Sohn im Orden ("Ödipus" in Indien). Mit diesem asketischen Kampf zusammen hängt die übertriebene Abwehr aller sinnlichen Reize. Man glaubt, sie durch Abwertung überwinden zu können und wird nur immer stärker in ihren Bann gezogen. Selbst ein weiblicher Leichnam kann einen Mann noch sexuell erregen. Das wird beschrieben und daraus soll eine "befreiende" Einsicht kommen.

Es finden sich auch die extremen asketischen Selbstquälereien wieder, die vom Buddho selbst als nicht hilfreich erfahren und abgelehnt wurden. Ohne

Zweifel ein späterer Rückfall in indische Traditionen. Man möchte etwas erzwingen, was sich nicht erzwingen läßt. Nicht essen, nicht trinken, bis endlich der "Durstpfeil" raus ist. Man lief 55 Jahre schmutzverkrustet herum, aß nur einmal im Monat, rupfte sich Haare und Bart aus, stand immer nur auf einem Bein, aß trockenen Kot, saß immer nur und legte sich nie hin, - all die uralten indischen Selbstquälereien tauchen auf, bis der Buddho belehrt: *Durch inneres Wohlsein gelangt man zum Frieden, nicht durch Schmerzens- askese.* Erinnerungen an frühere schöne Momente im Hausleben sollen nicht mehr aufkommen. Im Asketentum heißt es, nur immer voller Sehnsucht nach Freiheit zu sein.

In einigen Versen wird das Aufbrechen des Kastenwesens durch den Buddho vermittelt. J e d e r soll sich auf den Weg machen können, auch ein Schilfbrecher, ein Schauspieler, ein Straßenkehrer, ein Behinderter (in der Ordensregel allerdings ausgeschlossen). Das Regelwerk einzuhalten, ist das größte Glück: so gibt man jeden Eigenwillen völlig auf, gibt seine individu- elle Freiheit hin.

Man sollte auch möglichst viele Verwandte zur Lehre bringen, zur Welt- flucht. Der Wert des "guten Freundes" steht hoch im Kurs. Einer, der schon weiter ist, der "viel gehört" hat, dem soll man sich anschließen.

Und man glaubt, sich an frühere "Aufenthalte" zu erinnern, also auch an frühere Lebensläufe in anderen Körpern. An die Zeiten in der Unterwelt, im Tierschoß, in der Menschenwelt, in der Himmelswelt und in der formlosen Welt. So wird es einem in der Meditation (Vertiefung) deutlich, wenn man immer nur daran denkt. So glaubt man dann zu "wissen". Einer rühmt sich, 500 lange Weltzeitalter in einer Nacht zurückdenken zu können. Der indi- sche Geist kennt keine Grenzen.

Man erzählt, was man alles an Reichtum aufgegeben hat und wie viel schöner es ist, jetzt so "leicht" zu leben. Man hat die Dhammafreude gegen die Weltfreude eingetauscht. Und am besten ist es "natürlich", schon als ganz junger Mensch in den Orden zu gehen. Mit 15 erlaubt es die Regel. Mit 20 frühestens kann einer "ordiniert" werden. In den Versen wird von sieben- und achtjährigen Kindern berichtet. Aber es ist nie zu spät, "in die Lehre" zu gehen. Auch mit 120 kann man noch weise und frei werden.

Ganz zentral die hohe Verehrung dem Lehrer, dem Buddho gegenüber. Ihm werden endlos viele Beiwörter gegeben, er ist ja der, dem nachgestrebt wird, der immer wieder anspornt und ermuntert, sich frei von allen Lebens- fesseln zu machen. Der Zweifel am "Erwachten" ist darum immer wieder zu überwinden und dabei hilft einzig das tiefe Vertrauen in seine "Lehre", seinen Saddhammo.

Der Buddho ist der Menschen höchster, des Leidens Jenseitsgänger, der Augenmächtige, der Sonnen-Anverwandte, der Licht-Erzeuger, das All-

Auge, der Menschenzähmer, der Lehrer aller Weisen, der Dhammakönig, der Fragenkenner, der Furchtlose, der Worterfüller, der Göttergott, der Groß-Erbarmer, der Welt-Beschützer. Der Sangho gilt als Selbstschutz, in ihm ist man am besten aufgehoben, um nicht wieder zurückzukehren in das "niedere" Weltleben, solange man noch kein Muni geworden ist. Immer gilt es, die Zeit zu nutzen, nicht nachlässig zu sein. Das Geistige steht im Mittelpunkt. Möglichst keine körperliche Arbeit. Man will die Lust töten, die Sinne einstülpen, keine Wünsche mehr haben, wunschlos glücklich sein.

Überdruß und neuer Mut

Nach drei Jahren und fünf Monaten so etwa schrieb ich am 24.1.1998 den letzten Mönchsvers in meinen Kalender. Aber noch waren längst nicht alle Verse übertragen. Viele standen noch mit Fragezeichen und unübersetzten Strophen da. Das weitere Aufschließen der Verse zog sich dann mit vielen Unterbrechungen noch bis zum 16. September 1999 hin. Ich wollte unbedingt die Übertragung zum Abschluß bringen und auch gegen wachsende, große innere Widerstände zwang ich mich, die Lücken in meinem Zettelkasten allmählich zu schließen. Das Nachschlagen von unbekannten Wörtern wollte kein Ende nehmen, je weiter ich an den Schluß der Sammlung kam. Der Eindruck, daß sich hier doch sehr verschiedene Sprachschichten versammelt hatten, vertiefte sich.

Die kritische Haltung gegenüber den Botschaften dieser Verse verstärkte sich so sehr, daß sich streckenweise sogar eine Art Widerwille einstellte gegenüber dieser dann doch im Kern lebensverachtenden Askese. Der "Aufbau der realen Welt" erschien hier vollkommen verdreht: das schwächste Glied, der Geist, wurde zum "absoluten" Alleinherrscher erhoben und sollte "Unmögliches möglich machen". Möglichkeit und Wirklichkeit gerieten hier vollkommen durcheinander. Der Geist bleibt doch immer angewiesen auf die starken Kräfte der Natur, des Leibes und der Seele, kann doch nur m i t ihnen und nicht g e g e n sie zur Reife kommen. Daß aus dieser "Lehre der Alten" andere "Lehren" sich entwickeln mußten, die umfassender und klüger vorgingen mit der "Zähmung des Menschen", schien mir jetzt vollkommen einsichtig zu sein. Die "Lehre des Buddho" war nicht als "Dogma" verkündet worden, sondern als eine ganz realistische Anleitung zu einem glücklichen, leidfreien Leben, wenn so etwas überhaupt möglich ist.

Eine neue Übung begann für mich: an der Leidbefreiungslehre nicht zu leiden. Den Blick weit zu machen, die "Sozialpolitik" eines frühen Mönchtums in buchloser Zeit zu durchschauen, sein eigenartig eingeengtes Wertesystem zu überprüfen und durch vernachlässigte, neue, hohe Werte zu erweitern. Es wurde nötig, sich von falscher Ehrfurcht (die immer etwas mit

Angst und Enge zu tun hat) frei zu machen, einmal wieder zu lachen, um zu einer "gesunden" Einstellung zu kommen. Die Arbeit an der Autobiographie des Buddho gemeinsam mit Detlef Kantowsky erwies sich als außerordentlich fruchtbar dabei. Im freieren Umgang mit dem Original der Lehrreden fand ich neuen Mut, mich der gebundenen Verssprache wieder zuzuwenden.

Der Weg zum Leser

Als ich dann mit einer letzten großen Anstrengung alle noch fehlenden, unübersetzt im Kalender stehen gebliebenen Verse deutsch gefaßt hatte, fragte ich vorsichtig bei zwei buddhistischen Verlagen an, ob sie eine Veröffentlichung der Neufassung wagen wollten. Kein Interesse. Neumann galt als unantastbar. *Er ist so genial, daß er nicht mehr zu übertreffen ist.* Ich hörte allerdings auch andere Stimmen, sogar sehr kompetente, die ein sehr großes Interesse an einer getreueren Neuübertragung bekundeten. Also blieb wohl wieder nur die kleine Auflage im Selbstverlag. An 30 Verlage mich zu wenden, wie Neumann vor 100 Jahren, hatte ich nicht die geringste Lust. Selbst als ich die heute viel günstigere und offene Haltung allem Buddhistischen gegenüber in Erwägung zog.

Zu meiner großen Freude setzte sich dann Detlef Kantowsky im Herbst 1999 für meine Sache ein und entschloß sich, mit einer Auswahl aus den Mönchsversen seine Schriftenreihe der Universität Konstanz "Buddhistischer Modernismus" abzuschließen. Es sollte der Band 17 werden. Er war der einzige, der freundschaftlich verbunden Anteil an meiner Arbeit nahm, dem ich gelegentlich auch Proben meiner Übertragungen schickte. Im Vergleich mit Neumann konnte er sie durchweg loben. Das war eine gute Ermunterung zum Abschluß des Werkes.

In brieflichem und telefonischem Austausch mit Detlef Kantowsky wurden mir dann noch einzelne, spezifisch indische Rituale klar, die meine Wortwahl bestätigten oder ganz selten in Frage stellten. Bei einer Bestattung von Toten ist sowohl das Wort "baden" als auch "waschen" möglich. Nicht jeder Tote in Indien konnte schließlich an den Ganges gebracht werden. Mit dem Wasser allgemein "reinigt" man den Toten, stellt sich dabei vor, ihn von allen "Unreinheiten", die sich "karmisch" an seinem Körper verdichtet hatten, zu befreien.

Die für unser westliches Verständnis unmögliche Aufnahme von Kindern in den Sangho ist, indisch gesehen, ganz "normal". Schon in vorbuddhistischer Zeit wurden Kinder einem Guru (Brahmanen) anvertraut, in die Lehre gegeben. Sie lernten bei ihm die Veden auswendig, um in der noch "buchlosen" Zeit zu helfen, die "heiligen" Texte sicher und genau zu überliefern. Das galt in frühbuddhistischer Zeit auch für die "Lehrreden", als sie nur mündlich weitergegeben werden konnten. Man wußte die hohen Gedächtnisleistungen im Kindesalter zu nutzen. Was allerdings auch das unabhängige, eigene Denken stark beeinträchtigte. Das Denkprogramm wurde auf diese Weise ein für allemal fixiert.

Die erstaunlichen Nonnenlieder

Als wir dann gemeinsam über Inhalt und Aufbau des Buches nachdachten, kamen wir bald darauf, daß die Nonnenverse, die zur Sammlung gehören, unter den Tisch fallen würden, falls ich nicht daran ginge, nun auch noch die 520 Nonnenverse zu übertragen. Dazu hatte ich zunächst nicht die allergeringste Lust. Ich wollte vorläufig nichts vom Übersetzen wissen. Doch dann wuchs in mir die Überzeugung, daß es gut wäre, auch noch die Nonnenverse zu übertragen, um das historische Werk vollkommen in einer Neufassung zugänglich zu machen. Auch hatten wir öfter von Frauen zu hören bekommen, daß sie gerne die Verse in einer neuen Gestalt lesen würden. Nein, die Frauen durften wirklich nicht unter den Tisch fallen.

Meine Erschöpfung war vergessen, neue Begeisterung flammte auf und schon ging ich an die ersten Verse und konnte nicht genug staunen, wie leicht sie mir, sozusagen wie von selbst, in unsere gute deutsche Sprache rutschten. Vielleicht trug die jahrelange Übung nun ihre Früchte. Vielleicht war die Sprache der Frauen auch anders als die der Männer. Die Themen waren auch anders. Es tauchten Erzählungen auf, echte Bekenntnisse. Schicksale traten da vor mein Auge, die mich berührten. Hier herrschte eine besondere Offenheit. Kein Vers gab mir ein Rätsel auf. Ich sah und merkte sofort, daß ich hier zügiger vorankommen würde und übertrug täglich mehrere Verse. Allerdings hatten wir auch einen Termin für das Buch ins Auge gefaßt, und so ein Termin ist ein gehöriger "Stachelstock".

Zu meiner Verwunderung geschah es, daß ich in gut vier Monaten (vom 23.10.99 bis zum 29.2.2000) alle Verse "im Kasten" hatte. (Von 73 meist namentlich genannten Nonnen.)

Ich hatte hier, im Gegensatz zu den Mönchsversen, die ich ganz unabhängig übertrug, Neumanns Fassung vor Augen und fand besonders große Unstimmigkeiten mit dem Original. Oft sogar gravierende Fehler, so daß ich schon die Vermutung hatte, er hätte vielleicht damals unter Zeitdruck gestanden, um sein großes Übersetzungswerk zu vollenden.

Der erste Leser dieser neugefaßten Nonnenverse war Detlef Kantowsky. Er schrieb mir: *Die Therīgāthā scheinen mir viel authentischer zu sein als die Lieder der Mönche: Nicht so viel Redundanz der immer wieder gleichen stereotypen Heils- und Loslass-Formeln, sondern "Geschichten" zu ganz konkreten "Heilungs-Karrieren". Diese Weibergeschichten sind einfach viel schöner und anregender als die vergleichsweise drögen Aussagen der*

Herren Mönche, die sich eher wohl die Zunge oder sonstwas abschneiden würden, bevor sie so frank und frei berichten!

Der Indologe Klaus Mylius schreibt:
Die Therīgāthā möchte man, insgesamt gesehen, noch höher bewerten als die Theragāthā. Es ist zunächst klarzustellen, daß hier tatsächlich Frauen als Autorinnen gewirkt haben - ein Faktum, das früher in Anbetracht der Abneigung Buddhas gegenüber Frauen und weiblichen Aktivitäten bezweifelt worden ist. Freilich ist nicht sicher, ob wirklich a l l e Therīgāthā von Frauen herrühren, doch sollte diese offene Frage das Gesamtbild nicht beeinträchtigen.

Themen der Nonnenlieder

Im Vordergrund der Nonnenverse steht die Trauer um den Verlust von Kindern oder des geliebten Mannes. Des Buddho Pflegemutter zog im Alter viele Frauen mit in die Hauslosigkeit. Sie war es ja auch, die den Nonnenorden überhaupt wollte und ins Leben rief, auch unter den abschreckenden Sonderregeln, die der Sohn den Frauen auferlegte.

Im Alter sieht man das Elend des Leibes, erfährt Überdruß am Leben und möchte frei werden von der Last des Wiedergeborenwerdens. Man möchte das ewige Gebären aufgeben, die Todesangst überwinden, im Sangho glücklich werden, am Bettelleben froh sein, wie Dörrgemüse in einem Topf nur noch liegen.

Auch hier das Lob der Einsamkeit, der Stille, der Versenkung. Die Bemühung, sich von aller weiblichen Schönheit und Selbstverliebtheit zu lösen, wird ausgedrückt. Dem Werben eines Mannes will keine Frau mehr nachgeben.

Oft fällt es schwer, ruhig und still zu werden. Eine Frau macht immer wieder Anläufe, will sich sogar das Leben nehmen: da blitzt es auf und das Herz wird erlöst. Das Bild eines gezähmten Elefanten spornt an. Oder der Fluß des Wassers, der von oben nach unten verläuft. Dialoge mit Māro finden sich, darin taucht ein neues, starkes, weibliches Selbstbewußtsein auf, das sich dem Manne in keiner Weise unterlegen fühlt. Nonnen werden zu Ermunterinnen auf dem Weg und zu großen Lehrrednerinnen. Das Lob der Freundschaft zu anderen Nonnen auch hier. Ehemalige Dirnen geben ihr Leben auf und folgen dem Buddho. Eine Frau pilgerte 50 Jahre lang, bis sie den Buddho traf und Einsicht erlangte.

Das Ideal des Verlöschens wie eine Lampe wird geschildert: Der Docht wird eingezogen, nichts brennt mehr. Die völlige Abwertung der Sinnenlust ist auch von den Frauen verinnerlicht. Die große Wende wird geschildert: von Saus und Braus zu stillem Glück. Wenn eine Frau dem Buddho und seiner Lehre folgt, haben nicht einmal reiche Prinzen und Könige eine Chance. Māro versucht immer wieder umzustimmen, die Frau bleibt hart und unbeugsam.

Die große Verehrung des Meisters auch hier. Mit all den bekannten schönen Beinamen. Eine Mutter überredet ihren Sohn zum "stillen Pfad". Ein Brahmane wird belehrt, daß rituelles Baden und Waschen nicht viel Sinn hat. Auf das neue Denken kommt es an. Eine Tochter singt ihrem Vater das Lob des Asketentums, befreit es vom Makel des Faulenzer- und Schmarotzertums. Mönche leisten geistiges Werk, dienen als Vorbilder.

Eine Frau will ihren Gatten beschwören, nicht hinauszuziehen, aber er bleibt hart. Selbst als die Frau droht, das gemeinsame Kind zu töten. Als sie dann vom Buddho hört, kommt die große Einsicht, sie preist ihn und läßt den Mann ziehen.

In einer Brahmanenfamilie bringt die Tochter ihren Vater zum Buddho, beide begeben sich auf den stillen Pfad.

Eine Goldschmiedstochter, die entsagt hat, wird vom Götterkönig Sakko verehrt. Eine junge Frau kann ihren Ehemann nicht zufriedenstellen und versteht sein Verhalten nicht. Erklärt sich das mit früherem Fehlverhalten als weibersüchtiger Mann. Am Schluß der Sammlung wird's dann wieder märchenhaft, wenn sie erzählt, daß sie als männliches Tier kastriert wurde.

Zur Auswahl

Meine Auswahl stellt keine Wertung dar. Es ist mir klar, daß sehr viel "Schönes" und Tiefsinniges wegfallen mußte. Ich ging da ganz von meinen eigenen Antworten auf die Verse aus. Solche, die ich von Anfang an begrüßen und für mein Leben auch nutzbar machen konnte, hatten den Vorrang. Ich fragte: welcher Gedanke, welche Einsicht, welches Bekenntnis könnte auch einem modernen Leser hilfreich sein, abgelöst von einem allzu überbewerteten Ideal des Mönchs- und Nonnenlebens, das nur noch seine kulturell bedingte Gültigkeit in asiatischen Ländern hat. Es fielen selbstverständlich alle Verse weg, die sich unter verschiedenen Namen wiederholen oder eine allzu große Ähnlichkeit aufweisen, und alle, die sich in anderen Sammlungen schon finden, also vor allem im Dhammapadam, in dem die meisten vertreten sind, aber auch im Suttanipāto und in der Mittleren und Längeren Sammlung der Lehrreden finden sich ja Versfolgen (z.B. Angulimālo - Fingergirlande). Das Herausnehmen einzelner, "einleuchtender" Verse ist hier also schon in früher Zeit von geschickten Kompilatoren legitimiert worden. Auch aus den langen Dichtungen, die den Hauptjüngern des Buddho in den Mund gelegt wurden, mochte ich nur wenig zitieren, bei allem Bedauern über die Auflösung einer längeren Gedankenfolge. Alles extrem Abstoßende und nur unter dem Ideal eines Mönchtums zu Verstehende fiel weg, wie die übertriebene Leibfeindlichkeit bis Leibverachtung, die häßliche Abwertung des weiblichen Geschlechts (die tiefenpsychologisch weit blicken läßt), ebenso wie das Menetekel des "Verfalls der Lehre", der immer gedroht hat, seit das "Rad" in Bewegung gesetzt wurde. Andeutungen von "Wundern" konnten getrost ausfallen und sind für alle Kenner immer ein Kennzeichen sehr später Entstehung und schon selbst ein "Verfall" der Lehre.

Aufschlußreich schien mir am Schluß der immer länger werdenden Verssammlungen die zweifelnde Frage des Vangīso: *Vielleicht war's ganz umsonst?* Hat das ganze Brahmaleben überhaupt zu einem Ziel geführt? War nicht auch das wieder eine Täuschung, ein Traum, ein Spiel des Geistes? Ist der ganze "Nimbus des Erhabenen" womöglich nur ein Spuk?

Die Auswahl der Nonnenverse wurde von der großen eindringlichen Geschlossenheit der einzelnen Lebensgeschichten diktiert und gestaltete sich eher leicht, auch weil es ja im Ganzen viel weniger Dichtungen waren. Ähnliche "Biografien" konnten wegfallen. Vorrang bekamen die anschaulichen, zu Herzen gehenden Erzählungen. Und die aus indologischer Sicht sehr alten Verse. Auch hier konnten "Wunder" und phantastische Wiedergeburtsgeschichten wegfallen. Bei der überlangen Versfolge von Sumedhā am Schluß war es zwingend, sich nur auf das Wesentliche zu beschränken, so eindrucksvoll auch die Verweigerung der Ehe mit einem Königssohn geschildert ist.

Es ist verständlich, daß mancher "Kenner und Liebhaber" die Auswahl als Verstümmelung des herrlichen Originals ansehen wird. Für den Studierenden und Weiterforschenden steht daher die Gesamtübertragung aller Verse im Internet (http://www.ub.uni-konstanz.de/kops/volltexte/2000/571 zur Verfügung, allerdings ohne die erklärenden Anmerkungen zu Namen und Lehrbegriffen, die ich nur für die ausgewählten Verse erstellte.

Zu den Namen und Kommentaren

Um den Namen der Mönche und Nonnen tiefer auf die Spur zu kommen, bestellte ich mir in England das Lexikon der Pāli-Eigennamen von Malalasekera, das gerade 1997 neu aufgelegt wurde. (Erstauflage in den dreißiger Jahren.) In drei dicken Bänden ist da alles erfaßt, was überhaupt im Laufe der Jahrhunderte an Namen in Texten auftauchte. Leider wurde die Etymologie der Namen nur ganz selten deutlich, was mich sehr enttäuschte und mich wieder auf meine eigenen Mutmaßungen zurückführte. Ich konnte darum auch nicht alle Namen zu übertragen versuchen. Mein Vorschlag unter dem Pālinamen soll auch nur eine Richtung andeuten. Für die Genauigkeit kann ich nicht bürgen, doch dürfte der Hinweis oft hilfreich sein. Bei allzu schwierigen Kombinationen ließ ich die Übersetzung eher weg. Die Erklärung wäre zu lang geworden: z.B. *einer, der den Almosengang zugleich als Last und auch als Kraft gebend empfindet.* Oft sind Namen auch Anspielungen auf bestimmte Charakerzüge. So wenigstens versucht der Kommentator viele hundert Jahre später einen Namen zu erklären: "Kletterpflanze" für einen, der sich gerne anklammert und nicht so gut alleine zurechtkommt. Bei Namen, die eindeutig im "Programm" sind, gibt es keine Probleme: der Glanzvolle, der Tugendhafte, der Sorgenfreie, der Lichthüter usw.

Das Lexikon der Pālinamen diente mir auch für sparsame Auszüge zu den Anmerkungen. In einem großen ersten Teil der Anmerkungen habe ich mich den unübersetzt gebliebenen Pāliwörtern gewidmet. Es empfiehlt sich, diese "Erklärungen" als erste zu lesen. Sie gehen zum Teil über das historisch überlieferte Verständnis hinaus und geben sehr persönliche Deutungen zu Lehrinhalten, wie sie mir in heutiger Zeit hilfreich zu sein scheinen. Dabei zitierte ich auch Deutungen von mir geschätzten Autoren (Dahlke, Nyānaponika, Hecker).

Zwei weitere Teile sind Erläuterungen zu den ausgewählten Versen, nach Mönchen und Nonnen getrennt. Es kommen darin weitere Begriffe vor, die im ersten Teil fehlen. Nur zögernd habe ich mich entschlossen, auch Auszüge aus dem Kommentar von Dhammapālo zu zitieren, soweit sie zu den jeweiligen Versen etwas beizutragen haben. Dieser Kommentar stammt aus dem 5. Jahrhundert nach der Zeitenwende und ist ein Musterbeispiel für die spätere, ungehemmte, ausschweifende, spekulative Phantasie. Daß hier die Urlehre des Buddho in Märchengestalt vor uns auftritt und dem einfachen Volk die unglaublichsten Behauptungen als unumstößliche Wahrheit verkündet werden, ist aus heutiger Sicht wohl nur noch von kulturhistorischem Interesse.

Dieser Kommentar gibt sich den Anschein einer Geschichtsschreibung, ohne auch nur ein einziges Geburts- oder Todesdatum zu nennen. Er operiert mit ganzen Weltzeitaltern und will damit das Dogma von der Wiedergeburtslehre im allerprimitivsten Sinn in die Köpfe und Herzen einhämmern mit den üblichen angsteinjagenden Drohungen, die wir in allen Religionen finden.

Während dem aufmerksamen, kritischen Leser der Verse schnell deutlich wird, daß hier nicht immer "Arahants", also große "weise" Menschen zu uns sprechen, heißt es im Kommentar bei j e d e m Namen: Ein Araham! Eine Arahā!

Das Schema ist stets gleich: Man hört den Buddho, geht in den Orden, übt eine kürzere oder längere Zeit nach seinen Anweisungen (meist sogar nur sehr kurz, acht Tage nur!) - und wird befreit, "erlischt" von allen Trieben. Dieser "Erfolg" wird dann durch gutes Verhalten in früheren Lebensläufen "erklärt". Wenn etwas erst mißlingt, durch Fehlverhalten in früheren Geburten.

Oft sind Könige unter den späteren Arahants zu finden. Die Weltzeitalter werden mit "genauen" Zahlen angegeben, was "Historizität" vortäuschen soll. Ich fand als "Kappa"-Angaben: 5, 7, 8, 14, 16, 26, 27, 31, 57, 73, 85, 92, 94, 95. Wie oft einer König war, wird "genau" angegeben.

Die Verehrung "früherer" Buddhas steht an erster Stelle des Verhaltens mit guten Folgen. Erst kam man mit sieben früheren Buddhas aus, später werden es vierundzwanzig.

Als Löwe gab man dem Buddho einen Weidenast. Als König baute man ihm ein Juwelensims um einen Stupa oder ein Sandelholzgeländer. Wenn man nichts zu geben hatte, reinigte man den Weg, den der Buddho ging und sah ihn mit gefalteten Händen an. Eine Mauer wurde um den Bodhibaum gezogen. Als Taube reichte man dem Buddho eine Frucht. Als Göttersohn opferte man eine Blume. Man baute dem Buddho eine Hütte. Als Vogel entzückte man den Buddho mit schönem Gesang. Hörte als Jäger, wie der Buddho im Walde zu einer Götterversammlung spricht. Hier ist man mitten in den endlosen Wiedergeburtsgeschichten, die alle dem Buddho in den Mund gelegt werden. Man gab einem früheren Buddho eine Ölmassage an den Füßen oder brachte ihm Wasser, schenkte ihm einen Schilfrohrfächer.

Einer hat acht Mal im Monat die Hütte des Buddho mir vier Arten von Duftstoffen eingerieben und wurde daraufhin immer wieder mit einem wohlduftenden Körper geboren. Man fuhr als Bootsmann den Buddho über den Ganges oder reichte ihm als Rebhuhn eine Blume im Schnabel.

Der Wundergeschichten ist kein Ende. Immer nur ein vages Spiel mit Wahnsachen statt mit Tatsachen. Und oft wurde im Vinayo etwas erklärt, was der Kommentator wieder umdeutet. Im Ganzen ist diese spätere Zutat wenig hilfreich. Das empfand ich schon genau so bei Buddhaghosas Versuchen zu erzählen, bei welchen Gelegenheiten der Buddho einzelne Dhammaverse gesprochen haben soll. Es wird immer besser sein, sich unabhängig und selbständig seine Gedanken zu den Aussagen zu machen. Die "Erklärungen" zu den Namen sind zum Teil geradezu sinnlos. Zum Beispiel heißt es bei Vimalo: *Er wurde der 'Schmutzfreie' genannt, weil er frei von Schmutz geboren wurde.* Oft sind die Deutungen fehlleitend und überflüssig, wollen etwas leisten, was garnicht zu leisten ist.

Das Schema bei den Frauen ist ganz ähnlich.

Schlußgedanken

Die Geschichte einer Übertragung ist ein Stück Lebensgeschichte geworden. Ein inneres Aufspüren alter Quellen aus eigener Erfahrung bei aller fremden Verwandtschaft mag genügend Rechtfertigung für den Versuch darstellen.

Bei den guten Hilfsmitteln, die mir zur Verfügung standen, ließ sich wohl wesentlich sicherer arbeiten als vor 100 Jahren, als die Sprachforschung noch in den Anfängen steckte. Nur ganz selten blieb auch das Lexikon die

Auskunft schuldig, rätselte man auch dort herum, was gemeint gewesen sein könnte, welche Lesart wohl Sinn ergäbe. Die Namen bestimmter asiatischer Pflanzen waren oft nur lateinisch angegeben oder es war von einer "Baumart" die Rede, oder einer "Vogelart". Nichts war auf deutsch auszumachen. Tiere wurden früher oft mit Beinamen versehen. Zum Beispiel heißt eine rote Insektenart, die massenhaft auftritt: "Die Indrahirten". Da mußte ich dann zu uns vertrauten Bezeichnungen greifen.

Nur zuweilen blieb es doch schwer, g a n z   g e n a u zu erfassen, was eigentlich mit Anspielungen und einzelnen Wörtern gemeint war. Ich mußte mich in diesen Fällen auf ein mutiges Deuten einlassen, auf eine Interpretation, die noch einigen Sinn ergab.

Es werden immer Grenzen bestehen bleiben, die kein Übersetzer durchbrechen kann. Die weite geschichtliche und kulturelle Distanz zwischen dem alten Indien und dem modernen Europa darf nicht vergessen werden. Wir meinen wohl, die in langen Zeiträumen geprägten Vorstellungen und Welterklärungen zu verstehen und können doch nie ganz sicher sein, ob wir wirklich begreifen, was da früher mit so erstaunlicher Gewißheit gesagt und behauptet wurde. Unser Gehirn arbeitet ganz anders als das Gehirn eines Inders, für den die Welt vor 2500 Jahren ein einziges Rätsel war und das mythologische Bewußtsein sich nur zögernd durch ein neues, rationales Denken veränderte. Wir dürfen bei der übertragenen Lektüre dieser alten Dichtung nicht vergessen, daß das Wort immer nur Symbol eines Gedankens ist, - es vertritt ihn, kann aber nie die Erfahrung vermitteln, die den Gedanken einmal entstehen ließ.

Was für Erfahrungen heute mit diesen Versen zu machen wären, habe ich am eigenen Beispiel zu erzählen versucht. Jeder Leser wird da seinen eigenen Zugang und seine eigene Antwort finden müssen.

Baden-Baden
Sommersonnenwende 2000

Lieder
der Mönche

PUNNO MANTÂNIPUTTO*
4

Mit Starken sitze man zusammen,
mit Weisen, die den Sinn erschauen:
den Sinn, den großen und den tiefen,
der schwer zu schauen, fein, subtil,
die Weisen nur erreichen ihn,
nicht lässig und mit wachem Blick.

SÎTAVANIYO
(Kühlwäldler)
6

Tief in den kühlen Wald ging dieser Mönch,
allein, zufrieden und im Selbst gesammelt,
ein Sieghafter, der frei von Haaressträuben,*
schützend die Sati, die zum Körper geht, entschlossen.

BHALLIYO
7

Wer von sich stieß des Todeskönigs Heer,*
wie Binsenbrücke schwacher Kraft die große Woge,
ein Sieghafter, der aller Furcht entgangen:
Der ist gezähmt, erloschen ganz, steht in sich selbst.

PUNNAMÂSO
(Dickbohne)
10

Er lebte voller Wünsche hier wie dort, -
wer wissend ist, beruhigt, hält das Selbst
von allen Dingen völlig unbeschmiert,
der mag versteh'n der Welt Entstehensfurcht.

BELATTHASĪSO

16

Gleichwie ein gutes Rassepferd
den Pflug bewegt mit schmucker Mähne
und ohne jede Mühe läuft:
so auch bei Tag und Nacht für mich
es laufen ohne jede Mühe
die Glücksmomente, köderlos.

AJITO
(der Glückliche)

20

Beim Tode bin ich ohne Furcht,
beim Leben ohne jeden Wunsch,
den Körper leg' ich einmal ab,
klar wissend, voller Achtsamkeit.

NIGRODHO

21

Nicht fürchte ich mich vor der Furcht,
der Lehrer weiß um die Todlosigkeit.
Wo Furcht nicht länger stehen bleibt,
nur diesen Weg die Mönche schlagen ein.

ABHAYO
(der Furchtlose)*

26

Gehört die wohlgesproch'ne Rede
des Buddha-Sonnen-Anverwandten,
durchdrang ich da die, ach, so feine,
wie Haaresspitze mit dem Pfeil.

HÂRITO
(der Einnehmende)*

29
Hast feucht gemacht du dieses SELBST,
wie Pfeilemacher seinen Pfeil,
hast du das Herz dir grad gemacht:
Nichtwissen spalte, Hârita!

UTTIYO*

30
Ist eine Krankheit da entstanden,
die Sati rasch baut sich mir auf:
„Die Krankheit ist entstanden da,
es ist jetzt Zeit, nichts geh'n zu lassen!"

GAHVARATIRIYO*

31
Berührt von Bremsen und von Mücken
im Wald, im tiefen, weiten Forst:
wie Elefant an Kampfesfront,
dort mög' er achtsam sich gedulden.

SUPPIYO
(Gutlieb)*

32
Zum Alterslosen mit dem Altern,
und mit dem Brennen hin zur Kühle:
so schaffe ich die tiefste Stille,
den Übungsfrieden, unerreicht.

KUMÂPUTTASSA SAHÂYAKO
(des K. Freund)

37

In Vielfaltsland sie gehen hin,
sie schweifen aus ganz ungezügelt,
die Sammlung unterlassen sie:
was soll im Königreich das Wandern?
Darum man gebe auf den Zorn,
vertiefe sich ohn' Gegenüber!

SÂNU*

44

Sie weinen, Mama, um den Toten,
den keiner hier im Leben sieht, –
mich Lebenden sie sehen, Mama,
warum, Mama, beweinst du mich?

RAMANÎYAVIHÂRÎ
(der entzückt Lebende)

45

Wie gut trainiertes Rassepferd,
ist es gestolpert, wieder steht:
so auch, wer klar hier sehen kann,
der recht geschickte Buddha-Jünger.

UJJAYO
(Hochsieg)

47

Verehrung sei Dir, Buddhaheld!
Du bist befreit allüberall.
Dein Leben in Vollkommenheit,
das lebe ich, von Einfluß frei.

RÂMANEYYAKO
(der freudig Geartete)

49

Beim Amsellied und Finkenschlag,
beim Flötenton der Nachtigall,
pocht mir das Herz nicht schneller mehr,
der ich zum Einssein nur geneigt.

VIMALO
(frei von Schmutz)

50

Die Erde wird besprengt, es bläst
der Wind, der Blitz geht in der Wolke, –
ganz ruhig werden die Gedanken:
das Herz ist wohlgesammelt mir.

SUBÂHU
(Gut, arm zu sein)*

52

Der Gott, er regnet gleichwie Wohlgesang, –
bedeckt mein Hüttchen, angenehm, geschützt, –
und auch das Herz ist wohlgesammelt auf den Körper:
so, wenn du wünschst, so regne fort, du Gott!

KUTIVIHÂRI
(der Hüttenbewohner)*

57

Dies hier, er sagt, ist eine alte Hütte,
nach and'rer, neuer Hütte sehnt er sich. –
Den Wunsch nach einer Hütte, gib ihn auf!
Nur Leiden, Mönch, bringt wieder neue Hütte!

RAMANJYAKUTJKO
(entzückt vom Hüttenleben)
58
Entzückend schön mein Hüttchen ist,
Vertrauensgabe, Geist erfreuend.
Nicht ziel' ich mehr nach jungen Mädchen, -
ihr, die ihr dorthin zielt, geht nur zu Frauen!

VAPPO
(der Sämann)*
61
Es sieht, der sieht, den Sehenden,
und den, der nicht sieht, sieht er auch, -
wer nicht sieht, den Nichtsehenden
und den auch, der da sieht, nicht sieht.

UKKHEPAKATAVACCHO
(der weggeworfen hat das Kalb)
65
Den Kälbchenstatus hob er auf, -
was er gelernt in vielen Jahren,
das trägt er jetzt den Hausnern vor,
wenn er da sitzt, erhaben-froh.

VACCHAPÂLO
(Baumhüter)
71
Die äußerst feinen, zarten Sinn zu seh'n vermögen,
und die, im Geist geschickt, im innern Schutze leben,
die gerne folgen allen Buddha-Tugendhaften:
Nibbânam ist nicht schwer für sie mehr zu erreichen.

MÂNAVO
(der Junge)*

73

Sah den Gealterten, den Leidenden, den Kranken,
den Toten sah ich, der zum Lebensende kam:
darum verließ ich alles, zog hinaus,
gab auf die Sinnenfreuden, die den Geist entzücken.

PJYANJAHO
(Liebes auflösend)*

76

Bei den Hochfliegenden will fallen,
bei Fallenden will fliegen hoch:
will wohnen bei den Wohnungslosen,
bei Fröhlichen will mich nicht freu'n.

RAKKHITO
(der Beschützte)

79

Hab' aufgegeben jeden Reiz,
und jeden Haß aus mir gezogen,
Verblendung ist von mir gegangen:
bin kühl geworden, bin erloschen.

SAMITIGUTTO
(Versammlungsbewacht)*

81

Was ich getan auch hab' an Schlechtem,
zuvor in anderen Geburten,
hier muß es jetzt erfahren werden,
ein and'res Feld gibt es nicht mehr.

SĪHO
(der Löwe)

83
Du Löwe, lebe lässig nicht!
Bei Tag und Nacht sei niemals faul!
Entfalte den heilsamen Dhammo!
Laß ab vom Körperhaufen schnell!

NĪTO
(der Geleitete)

84
Die ganze Nacht hat er durchschlafen,
am Tag macht ihn Gesellschaft froh. –
Wann wird wohl, wahrlich, solch ein Tor
des Leidens Ende endlich machen?

SUNÂGO
(der gute Elefant)*

85
Das inn're Geistesbild erkennend weise,
den Einsamkeitsgeschmack mag er erfahren, –
vertiefend sich als achtsamer und kluger,
mag er erlangen Glück, frei von der Welt.

AJJUNO
(Silber)

88
Ich konnte wahrlich mir das Selbst
vom Wasser heben auf den Grund,
war wie aus großer Flut gezogen,
als ich die Wahrheiten durchdrang.

VIJAYO
(Sieger)
92

Bei wem die Einflüsse erschöpft,
wer an der Nahrung nicht mehr hängt,
wer leer geworden, zeichenlos,
wem Freisein nur ist Weidegrund:
gleichwie im Himmelsraum den Geiern,
der Spur von ihm ist schwer zu folgen.

ERAKO
(der in Bewegung Setzende)*
93

Leidvoll ist Lust, o Erako!
Nicht Glück bringt Lust, o Erako!
Wer sich nach Sinnenlüsten sehnt,
ersehnt das Leiden, Erako!
Wer Sinnenlüste nicht ersehnt,
ersehnt nicht Leiden, Erako!

METTAJI
(Mettagewinner)
94

Verehrung dem Erhabenen,
dem Sakyersohn so voller Glanz,
durch den die Spitze ist erreicht,
der Spitzenlehre aufgezeigt!

KHANDASUMANO
(Wohlgeist im Alter)
96

Wie eine Blume ließ ich los
die Zeit der achtzig Lebensjahre, -
hab' mich an Himmelswohl erfreut,
und mit dem Rest bin ich erloschen.

DEVASABHO
(Götterhalle)
100
Von rechtem Mühen ganz erfaßt,
den Satistand als Weidegrund:
von Freiheitsblüten überdeckt,
erlischt er ganz, von Einfluß frei.

BANDHURO
(Verwandter)
103
In dem hier seh' ich keinen Sinn, kein Glück,
das Dhamma-Schmecken mich befriedigt,
trank feinstes Schmecken, allerhöchstes:
nicht werd' ich da mit Gift Bekanntschaft machen.

KHITTAKKO
(der Geworfene)
104
Wie leicht ist wahrlich mir der Körper,
durchdrungen ganz mit weitem Freudensglück, -
wie Baumwollflocke, die vom Wind bewegt,
so treibt mein Körper leicht dahin.

JENTO
111
Schwer ist der Auszug, schwer ist der Verbleib im Haus,
die Lehre tief, - schwer ist es, Reichtum zu erlangen, -
armselig ist das Leben uns auf beide Weise:
da paßt's zu denken stets das Nichtbeständige.

KIMBILO
(Wurmloch)*

118

Gleichwie ein Fluch bricht das Verwehen ein,
ich seh' an mir schon andere Gestalt,
doch wenn ich aufmerksam und achtsam bin,
an einen andern ich erinnere das Selbst.

VAJJIPUTTO*

119

Geh' unter's lange Wurzelwerk der Bäume!
Nibbânam tief im Herzen siedle an!
Vertiefe Dich, o Gotamo, nicht lässig!
Was wird Gebabbel Dir noch weiter tun?

UTTARO (der Hohe)*

121

Kein irgend Werden ist beständig,
Sankhâras sind auch ewig nicht, –
nur Khandhas tauchen immer auf
und gleiten fort schon immer wieder.

122

Als ich dies Elend klar erkannt,
gab ich den Wunsch nach Werden auf, –
kam raus aus allen Sinnesdrängen,
erfuhr den Einfluß-Untergang.

VALLJYO (der Binder)

125

Der Affe aus den Fünfertoren*
an dieser Hütte drängt hinaus.
Durch's Tor er wandert viel herum,
klopft immer wieder: bum, bum, bum.

126

Steh' still, du Affe! Rase nicht!
Verhalt' dich nicht wie früher mehr!
Mit Weisheit halt' ich dich zurück,
wirst nicht mehr in die Ferne schweifen!

MELAJJNO

131

Als ich die Lehre angehört
beim Meister, der so ruhig sprach:
Kein Zweifel wurde mir bewußt
beim Alleswisser, Unbesiegten,

132

beim Karawanenführer, Helden,
beim Besten-Höchsten aller Lenker.
Und auf dem Weg, dem Übungspfad,
den Zweifel gibt's nicht mehr für mich.

GOTAMO

137

Im Glück nur schlafen stets die Munis,
die nicht an Frauen mehr gebunden,
die wahrlich stets zu schützen sind,
bei denen Wahrheit schwer erlangbar.

138

Zu töten gingen wir die Lüste
und sind jetzt frei von jeder Schuld, –
jetzt geh'n wir zum Nibbânam hin,
wo, angelangt, man nicht mehr trauert.

HERAÑÑAKÂNI
(Goldschmied)

145

Es gehen hin die Tage-Nächte,
das Leben wird zu Ende sein, –
die Zeit der Sterblichen verdorrt,
gleichwie der Flüßchen Wasserlauf.

146

Und dann nur immer schlechte Taten
vollbringt der Tor und wird nicht wach, –
und späterhin fühlt er nur Bitteres,
nur schlechte Frucht wird ihm zuteil.

SABBAMJTTO
(Allfreund)

149
Der Mensch am Menschen ist gebunden,
gestützt vom Menschen ist der Mensch, –
der Mensch vom Menschen wird gequält,
es quält der Mensch das Menschenkind.

150
Wer durch den Menschen hat Gewinn,
den Menschen, der geboren ist?
Den Menschen laß ich, gehe nun, –
wie sehr hab' ich gequält den Menschen.

MAHÂKÂLO
(die hohe Zeit)

151
Die dunkle Frau, so übergroß, der Krähe gleich,
den Schenkel ausgespreizt und auch den ander'n Schenkel,
den Arm hat sie gespreizt und auch den ander'n Arm ,
das Haar hat sie gespreizt und ihre Dickmilchbrust:
so sitzt sie da, vertrauensvoll ergeben ganz.

152
Wer dieses wahrlich nicht erkannt und darauf baut,
der geht in's Leiden immer wieder, dieser Träge, –
darum der Menschen Baustoff sollte er nicht liefern:
„Nicht werd' ich wieder mit gespalt'nem Kopfe liegen!"*

VALLIYO
(Kletterpflanze)*

167
Was da zu tun mit fester Tatkraft,
was da zu tun, aus Wunschwelt aufzuwachen,
ich werd' es tun, werd' nichts versäumen:
sieh' diese Tatkraft, angespannt!

168
Und Du, erkläre mir den Weg,
der geradewegs in das Todlose taucht!
Mit Muni-Sein ich werde Muni werden,
wie Gangesstrom das Meer erreicht.

PUNNAMÂSO
(Dickbohne)

171
Fünf Hemmungen, ich hob sie auf,
um Yogafrieden zu erlangen, -
den Dhammaspiegel nahm ich mir:
Erkenntnis-Schauen ganz des Selbst.

172
Als ich betrachtet diesen Körper,
das ganze Innen und das Außen:
von innen und von außen da
„leer ist der Körper", sah ich nur.

KHJTAKO

191
Bei wem ist felsengleich das Herz,
steht fest und wankt nicht hin und her,
ist nicht erregt bei schönen Dingen,
bei den bewegenden nicht bebt:
bei wem entfaltet so das Herz,
woher noch Leiden wird da kommen?

192
Bei mir ist felsengleich das Herz,
steht fest und wankt nicht hin und her,
ist nicht erregt bei schönen Dingen,
bei den bewegenden nicht bebt:
mir ist entfaltet so das Herz,
woher mir Leiden noch wird kommen?

NJSABHO
(der Leitbulle unter Menschen)

195
Fünf Sinnenstränge gab ich auf,
die lieben, die den Geist enzückt, -
und aus Vertrauen zog ich fort,
des Leidens Endiger will sein.

196
Bin nicht erfreut am Tode mehr,
bin nicht erfreut am Leben mehr, -
die Zeit nur wünsche ich herbei,
sie tief verstehend, achtsam stets.

KUMÂRAKASSAPO
(der junge Kassapo)*

201
Ach, der Buddho! Ach, der Dhammo!
Ach, Vollkommenheit des Lehrers!
Wo den so geformten Dhammo,
wird verwirklichen der Jünger.

202
In unzählbaren Weltzeitaltern
war ich in Körper eingefügt,
von denen dieser sei der letzte:
zu Ende sei dies Körperhäufen,
Geburts- und Todeswandelkreisen:
nicht ist jetzt mehr ein Wiederwerden.

BRAHMÂLI
(Brahma-Damm)

205
Bei wem die Sinne sind zur Ruh' gekommen,
wie Pferde, die ein Trainer gut gezähmt, –
wer Stolz gelassen, wer von Einfluß frei,
die Götter selbst beneiden einen solchen.

206
Bei mir die Sinne sind zur Ruh' gekommen,
wie Pferde, die ein Trainer gut gezähmt, –
hab' Stolz gelassen, bin von Einfluß frei,
die Götter mich beneiden, einen solchen.*

CÛLAKO
(Haarknoten)

211
Es schrei'n die Pfau'n, mit schöner Krone, schönem Federschmuck,
mit schönem Blauhals, schöner Brust, den schönen Donnerruf, –
und schön begrast liegt diese große Erde da,
gut angefüllt mit Wasser ist der Regenwolkenhimmel.

212
Wie wohlgestaltet ist dem Geistesfrohen das Vertiefte!
Wer leicht hinauszieht, der bejaht die gute Buddhaweisung:
den schönen, überaus so reinen, feinen, schwer zu seh'nden,
berühre ihn, den höchsten, unerschütterlichen Weg!

VAJJITO
(der vermieden hat)

215
Den Weltenlauf so lange Zeit
auf Fährten viel durchstreifte ich,
sah nicht die edlen Wahrheiten:
ein blind geword'ner Massenmensch.

216
Da war ich lässig länger nicht,
entschilfte alle Weltenläufe,
die Fährten alle schnitt ich ab:
nicht gibt es jetzt ein Wiederwerden.

ANGGANJKABHÂRADVÂJO

219

Grundlose Reinheit suchte ich,
dem Feuer huldigt' ich im Wald, –
den Reinheitsweg verstand ich nicht,
unsterblich wollte sein durch Qual.

220

Durch Glück erfuhr ich da das Glück:
sieh' dieses Dhamma-Heilsgesetz!
Drei Wissen sind von mir erlangt,
getan des Buddho Weisung ist.

BÂKULO

227

Ein wahres Glück ist das Nibbânam,
vom Recht-Erwachten aufgezeigt:
das sorglos, schmutzfrei, voller Frieden,
wo Leiden ganz zur Ruhe kommt.

VÂRANO
(Elefant)

237
Wer hier auch immer unter Menschen
den andern Wesen tut Gewalt:
von dieser Welt und von der andern,
von beiden ist beraubt der Mann.

238
Doch wer mit liebevollem Geist
für alle Wesen hat Erbarmen:
viel bringt der wohl aus sich hervor
Verdienst, von solcher Art ein Mann.

YASOJO
(Ruhmgeboren)

245
Wie Brahma ist man, so allein,
und wie ein Gott, so man zu zweit, –
wie'n Dorf schon ist es, so zu dritt,
Tumult ist, was darüber geht.

NANDAKO*

281
Die da nun Toren, Dumme sind,
beraten schlecht, verblendungsvoll:
nur solche finden da noch Freude,
wo Mâro seine Schlinge warf.

282
Bei welchen aber Gier und Haß,
Nichtwissen sind vom Reiz befreit:
die finden da nicht Freude mehr,
zertrennt der Faden, fesselfrei.

SAMBHÛTO
(der Entstandene)

291

Wer, wenn viel Zeit ist, eilig hastet,
bei Zeit, die rennt, will langsam sein:
mit oberflächlichem Getue
der Tor zum Leiden geht hinab.

292

Ihm schwindet alles Gute hin,
wie in der Dunkelnacht der Mond, –
in einen schlechten Ruf gelangt er,
bei Freunden wird er nur blockiert.

293

Wer, wenn viel Zeit ist, langsam handelt,
bei Zeit, die rennt, sich sputen will:
mit gründlich wohlbedachtem Tun
das Glück erlangt der Weise sich.

294

Ihm wird vollkommen alles Gute,
wie in der Strahlennacht der Mond,
zu Ruhm und Ruf gelangt er bald,
bei Freunden wird er nicht blockiert.

RÂHULO
(die Fessel)*

295
Mit beidem bin ich gut verseh'n,
„Râhula-Glück" sie sah'n in mir:
daß ich der Sohn des Buddho bin,
und daß ich durch die Dinge sehe.

296
Daß ich die Einflüsse beseitigt,
daß nicht mehr ist ein Wiederwerden.
Bin Araham, der Gaben würdig,
hab' Dreifachwissen, Todlosblick.

297
Die Sinnenblinden, Netzbedeckten,
verborgen unter Durstes Decke,
mit Lässigfessel festgebunden:
wie Fische sind sie vor dem Netz.

298
Die Sinnenlust hab' ich gelassen,
zerschnitten gut des Mâro Band,
samt Wurzel zog den Durst ich aus:
bin kühl geworden, bin erloschen.

DHAMMIKO
(der Dhammageartete)

303

Der Dhammo wirklich schützt den Dhamma-Geher,
der Dhammo, gut geübt, bringt Glück mit sich, –
dies ist der Lohn bei gut geübtem Dhammo:
nicht schlechten Weg geht stets der Dhamma-Geher.

304

Der Dhammo nicht und der Nichtdhammo
ergeben beide gleiche Frucht:
der Nichtdhammo zur Hölle führt,
der Dhammo sorgt für guten Weg.

305

Darum bei Dhammas mach den Willen auf,
sich freuend so mit solchem Sugato,*
beim Dhammo besten Sugatos die Jünger steh'n,
geführt die Steten werden, Zufluchtspitzengänger.

306

Gebrochen ist der Schwellung Grund,
das Durstnetz ist herausgezogen,
Samsâro ist verdorrt, nicht gibt es etwas, –
gleichwie der Mond bei klarer Vollmondnacht.

RÂJADATTO
(Königsgabe)

315
Als Mönch ging ich zum Leichenplatz,
sah eine Frau dort hingeworfen,
nicht eingehüllt in guten Hanf,
zernagt von Würmern durch und durch.

316
Was manche eklig widert an,
wenn sie geseh'n das Tote, Schlechte:
das lockte Sinnenreiz hervor,
wie blind ich war in diesem Strom.

317
Nur durch gekochten Brei von Reis,
ging ich aus solchem Ort hinaus:
so wurd' ich achtsam, tief verstehend,
und seitlich näherte ich mich.

318
Da mir die klare Geistausrichtung
zum Ursprung hin ging in mir auf:
Gefahr mir wurde offenbar,
und Überdruß stellte sich ein.

319
Da löste sich das Herz mir ab.
Ach, sieh' der Lehre Kerngesetz!
Drei Wissen sind nun voll erlangt,
getan des Buddho Weisung ist.

SUBHÛTO
(gutgeworden)

322

Was er zu tun wünscht, mag er sagen,
was nicht zu tun, das sag' er nicht, –
den, der nichts tut, der stets nur redet,
durchschauen tief die Weisen wohl.

SUMANO
(Gutgeist)

330

Nach welchen Dhammas ich verlangte,
der Meister gab sie helfend mir, –
das Todlose ersehnte ich,
getan hab' ich, was mir zu tun.

331

Erlangt ist und verwirklicht schon
der Dhammo, durch sich selbst erfahren, –
Erkenntnis rein, von Zweifel frei,
erklär' ich ihn wohl bis zum Schluß.

332

Den alten Aufenthalt ich weiß,
das Himmelsauge ist geklärt,
der Lehre Sinn ist voll erlangt,
getan des Buddho Weisung ist.

GAYÂKASSAPO

345
Frühmorgens, mittags und des Nachts,
drei lange Male Tag für Tag,
stieg ich in's Wasser, in den Strom
der Gayâ, dieser kleinen Gayâ.

346
Was von mir ausgeführt an Schlechtem
in anderen Geburten früher,
das dacht' ich abzuwaschen hier:
in solcher Ansicht stand ich fest.

347
Ich hört' das wohlgesproch'ne Wort
vom Lehr-Sinn tief verbund'nem Weg, –
den wahren, wesentlichen Sinn
betrachtete ich gründlich da.

348
Hab' abgebadet alles Schlechte,
bin ohne Schmutz, beherrscht und rein,
bin rein, des Reinen Erbe jetzt,
des Buddho Sohn, von ihm gezeugt.

349
Getaucht in den Acht-Gliederstrom,
wusch alles Schlechte ich hinweg:
drei Wissen habe ich erlangt,
getan des Buddho Weisung ist.

VIJITASENO
(besiegtes Heer)*

355
Ich werde fest dich binden, Herz,
am Torpflock, wie den Elefanten!
Nicht dich zum Schlechten werd' ich drängen,
du Sinnen-Netz, du leibgebor'nes!

356
Bist du gezügelt, nicht du gehst,
gleichwie zur Toröffnung der Elefant nicht kommt,
und nicht das Herzensunglück immer wieder
besiegend, nur erfreut am Schlechten, wirst du leben.

357
Wie den „Trompeter",* ungezähmt,
in neuen Stall der Stachelstockdompteur
mit Kraft zurücktreibt den, der störrisch,
so werd' zurück ich treiben dich.

358
Gleichwie ein edles Pferd, zur Zähmung fähig,
ein exzellenter Trainer zähmt zum Rassepferd,
so auch ich werde zähmen dich,
gegründet fest in den fünf Kräften.*

359
Mit Sati band ich nieder dich,
beherrscht im SELBST dich werd' ich zähmen,
das Tatkraftjoch ist nicht gelöst:
Von jetzt an wirst nicht fern mehr geh'n, du Herz!

YASADATTO
(Ruhmselbst)*

360
Im Herzen tadelnd nur, der Tor,
hört er die Siegerbotschaft an:
so fern ist er vom Saddhammo,
gleichwie die Erde von der Wolke.

361
Im Herzen tadelnd nur, der Tor,
hört er die Siegerbotschaft an:
er schwindet weg vom Saddhammo,
gleichwie auf dunkler Seit' der Mond.

362
Im Herzen tadelnd nur, der Tor,
hört er die Siegerbotschaft an:
er trocknet aus im Saddhammo,
gleichwie der Fisch im Kaum-noch-Wasser.

363
Im Herzen tadelnd nur, der Tor,
hört er die Siegerbotschaft an:
er wächst nicht fort im Saddhammo,
gleichwie im Boden faule Saat.

364
Doch wer mit ganz zufried'nem Herzen
hört sich die Siegerbotschaft an,
warf alle Einflüsse hinaus,
verwirklichte das Unbewegte:
mag sich erlangen höchsten Frieden,
verlöscht, von allem Einfluß frei.

KOSIYO
(Eule)

370
Wer der Verehrten Rede kennt, der Kluge,
zu diesem Einfluß Liebe sich erzeugt,
der heißt „Ergeben" und ist wahrlich Weiser:
er hat erkannt, kann Dinge unterscheiden.

371
Wen hat ein großes Mißgeschick befallen
und fühlt den inn'ren Frieden nicht gehemmt,
der heißt wohl „Standfeststark" und ist ein Weiser:
er hat erkannt, kann Dinge unterscheiden.

372
Wer wie der Ozean steht ohne Wünsche,
tiefgründig-weise, sehend feinsten Sinn,
der heißt „Nicht-Einnehmbar" und ist ein Weiser:
er hat erkannt, kann Dinge unterscheiden.

373
Hat viel gehört und ist ein Dhammahalter,
beim Dhammo lebt er ganz entlang dem Dhammo,
der heißt „Was für ein Mensch!" und ist ein Weiser:
er hat erkannt, kann Dinge unterscheiden.

374
Und wer des Ausgesproch'nen Sinn versteht
und so, wie er den Sinn versteht, auch handelt,
der heißt „Im Sinne lebend", ist ein Weiser:
er hat erkannt, kann Dinge unterscheiden.

TEKICCHAKÂNI
(die heilenden Sachen)

382
Erinn're an den Buddho dich, den unermeßlichen!
Ganz klar, von tiefer Freude leibberührt,
wirst immer sein du ganz erhoben.

383
Erinn're an den Dhammo dich, den unermeßlichen!
Ganz klar, von tiefer Freude leibberührt,
wirst immer sein du ganz erhoben.

384
Erinn're an den Sangho dich, den unermeßlichen!
Ganz klar, von tiefer Freude leibberührt,
wirst immer sein du ganz erhoben.

KULLO
(das Floß)

393
Zum Leichenplatz ging Kullo hin,
sah eine Frau dort hingeworfen,
nicht eingehüllt in guten Hanf,
zernagt von Würmern durch und durch.

394
Den kranken, unreinen und faulen,
sieh, Kullo, diesen Körperhaufen,
aus dem es sickert nur und trieft,
von Toren überaus genossen.

395
Als ich den Dhammaspiegel nahm,
der zum Erkenntnis-Schauen führt,
betrachtete ich diesen Körper,
als leer und eitel innen-außen.

396
Wie das da ist, so dieses hier,
wie dieses hier, so ist das da, –
wie unten ist, so oben ist,
wie oben ist, so unten ist.

397
Wie es bei Tag, so ist's bei Nacht,
wie es bei Nacht, so ist's bei Tag,
wie's früher ist, so ist es später,
wie später, war es früher auch.

398
Musik im Fünfergruppenspiel
löst keine solche Freude aus,
wie der auf Eins gespitzte Geist
bei dem, der recht den Dhammo sieht.

KÂTJYÂNO*

411

Erhebe Dich und setz' Dich, Kâtiyâno!
Gib' Dich dem Schlaf nicht hin und rufe wach Dich:
Damit Dich Müden nicht der Lässigkeitsverwandte
mit seiner Fall' besieg', der Todeskönig!

412

Gleichwie die Flut des großen Ozeans,
so Dich Geburt und Alter überkommen, –
drum baue gut die Insel Deines Selbst,
nicht gibt es ander'n Schutz, soweit das Wissen.

416

Die Lampe bringt nur kleines Licht hervor,
vom Winde ausgeblasen wie der Blitz, –
so auch sei Du und greife hier nichts auf!
Den Mâro, Du, vom Indrastamm,* den schüttle ab!
Bist bei Gefühlen ja schon frei von Reiz, –
die Todeszeit wart' ab, hier kühl geworden!

MIGAJÂLO
(Wildfallensteller)*

422
Hat einer Tat als Tat erkannt,
und das Ergebnis als Ergebnis, -
Entsteh'n der Dinge aus dem Grund:
wie Licht vermag er dann zu seh'n, -
geht hin zum Frieden dann, der Stille,
der von dem Ende ist beglückt.

BRAHMADATTO
(Brahmagabe)*

441
Wer ohne Zorn, woher noch Zorn?
Wer da gezähmt, gleichmäßig lebt,
wer durch Erkenntnis recht befreit, -
wer ist wie dieser still geworden?

442
Der macht sich eben dadurch schlechter,
wer einem Zorn entgegenzürnt, -
wer einem Zorn nicht gegenzürnt,
siegt in dem Kampf, schwer zu ersiegen.

443
Zu beider Wohlsein lebt er da,
zum Wohl des Selbst und auch des Andern:
wenn er den anderen erregt erkennt
und achtsam dabei ruhig wird.

SIRIMANDO
(Glücks-Essenz)

447
Auf Zugedecktes pladdert Regen,
auf Off'nes pladdert Regen nicht, –
darum: was zugedeckt, deckt ab,
so pladdert darauf Regen nicht.

448
Vom Tod geschlagen ist die Welt,
das Alter schleicht um sie herum,
vom Pfeil des Durstes tief durchbohrt,
vom Duft des Wünschens stets verführt.

449
Vom Tod geschlagen ist die Welt,
das Alter wirbelt sie herum,
schlägt um sich, immer ohne Schutz,
wie mit dem Stock bestrafter Dieb.

450
Sie kommen an wie Feuermassen:
Tod, Krankheit, Alter, diese drei, –
sie zu verlassen, fehlt die Kraft,
kein Tempo gibt's, um fortzurennen.

451
Nicht nutzlos sei das Tagewerk,
im Kleinen nicht, im Großen nicht, –
denn welche Nacht auch immer geht,
mit jeder nimmt das Leben ab.

452
Für den, der geht, für den, der steht,
für den, der sitzt, für den, der liegt:
die letzte Nacht, sie kommt heran,
nicht bleibt dir Zeit zum Lässigsein.

SABBAKÂMO
(Allwunsch)*

453
Er ist zweifüßig, ist nicht rein,
schlecht riechend läuft er stets herum,
von Vielem ist sein Körper voll,
es sickert da und dort heraus.

454
Das wilde Tier sitzt in der Falle,
am Angelhaken hängt der Fisch, –
den Affen wie mit Klebemasse,
so hindern sie den Massenmenschen:

455
Die Formen, Tön', Geschmäck', Gerüche,
Berührungen, den Geist erfreuend:
dies sind der Sinnenstränge fünf,
zu seh'n in der Gestalt der Frau.

456
Sie alle, die verfolgen sie
erregten Herzens, Massenmenschen:
vermehren nur das Leichenfeld
und häufen Weiterwerden auf.

457
Doch wer sich fern von ihnen hält,
wie einen Schlangenkopf vom Fuß,
der dieses Haften in der Welt
kann achtsam überkommen dann.

458
Da ich die Sinnen-Not geseh'n,
geseh'n das Lassen als den Frieden:
bin ich befreit von allen Lüsten,
erlangt hab' ich das Einfluß-Ende.

LAKUNTAKO
(der Zwerg)*

467
Es freu'n sich manche an den Trommeln,
an Lauten- und an Glockenspiel, -
und ich bin unter Baumeswurzel
froh an des Buddho Weisung nur.

MAHÂPANTHAKO
(der große Weg-Geher)

510
Als ich das erste Mal ihn sah,
den Lehrer, der ganz ohne Furcht,
da fühlte ich mich tief ergriffen:
hatt' angeschaut der Menschen Besten.

511
Mit Glanz an Händen und an Füßen,
wer will verweisen den, der kam, -
wer will, der einen solchen Lehrer
erlangt hat, ihn noch ferner missen?

512
Darum mein Kind und meine Frau,
den Reichtum-Wohlstand warf ich weg, -
schnitt' ab die Haare und den Bart
und zog in die Hauslosigkeit.

513
Das Übungsleben füllt' ich aus,
war bei den Sinnen gut gezügelt, -
verehrend tief den ganz Erwachten,
ich lebte völlig unbesiegt.

514
Mein Trachten war von da an nur
fest im Gemüt verankert mir:
mag keinen Augenblick mich setzen
zum Durstpfeil, der herausgezogen.

515
Auf diese Weise lebte ich.
Sieh nur, was Tatkraft-Streben kann:
drei Wissen sind von mir erlangt,
getan des Buddho Weisung ist.

516
Ich weiß nun, wo ich früher war,
das Himmelsauge ist geklärt, –
bin Araham, der Gaben würdig,
bin abgelöst, von Wünschen frei.

517
In's Dämmerlicht der dunklen Nacht
brach hell der Sonnenaufgang ein, –
mein ganzer Durst war ausgedörrt,
ich nahm den stillen Kreuzsitz ein.

BHÛTO
(geworden)*

522
Wenn tief im Himmel mächtig dröhnt die Wolkenpauke,
und Regen wirbelt überall auf Vogelwegen,
und still der Mönch in seinem Berge sich vertieft:
ein Wohl, das höher noch als dies, ist nicht zu finden.

523
Wenn bunte Blüten auf dem Strom der Flüsse wirbeln,
als hätten sie mit reichem Kopfschmuck sich geputzt,
er still am Ufer sitzt und heiter sich vertieft:
ein Wohl, das höher noch als dies, ist nicht zu finden.

524
Wenn in der Nacht, in tiefer Einsamkeit des Waldes,
die Götter aus der Kehle, Zähne zeigend, brüllen
und still der Mönch in seinem Berge sich vertieft:
ein Wohl, das höher noch als dies, ist nicht zu finden.

525
Wenn den Gedankenstrom des Selbst er in sich hemmt
und im Gebirge sich in Felsenspalte schmiegt,
sich frei von Furcht und inn'rer Dürre leicht vertieft:
ein Wohl, das höher noch als dies, ist nicht zu finden.

KÂLUDÂYÎ*

530
Mit Hoffen wird gepflügt das Feld,
die Saat mit Hoffen wird gesät,
mit Hoffen geht man Handel ein,
der Ozean an Reichtum bringt, -
bei welchem Hoffen fest ich stehe,
dies Hoffen möge mir gedeihen.

531
Ach, immer wieder säen sie die Saat,
ach, immer wieder regnet Götterkönig,
ach, immer wieder Pflüger pflügen Felder,
ach, immer wieder kommt das Reich zu Reichtum!

532
Ach, immer wieder geh'n umher die Bettler,
ach, immer wieder geben Gabenherren,
ach, immer wieder, wenn die Gabenherr'n gegeben,
ach, immer wieder gehen sie zum Himmelsort!

533
Der Held gewiß das Wesensjoch erkennt,
in welchem Stamm er wird gebor'n, der Weise,
- "ich denke ICH"- so geht der Göttergott,
durch den gebor'n des Muni Wahrheitsname.

EKAVIHÂRIYO
(der Alleinlebende)

537

Nicht vor mir und nicht hinter mir,
wenn keinen anderen es gibt:
wie äußerst angenehm ist das
dem, der allein im Walde lebt!

538

Darum werd' ich alleine geh'n
in tiefen Wald, buddhagelobt,
so wohl dem, der alleine lebt,
dem Mönch, der in sich selbst nur strebt.

540

Im aufgeblühten, kühlen Wald,
im Kühlen einer Bergeshöhle,
wenn ich die Glieder feucht benetzt,
werd' auf und ab ich geh'n allein.

541

Für mich allein, ganz ohne zweiten,
im wunderbaren, großen Wald:
wann werde ich dort einmal leben,
vollendet ganz, von Einfluß frei?

542

So möge mir, der handeln will,
der tiefe Wunsch alsbald gelingen!
Bemühen will ich redlich mich,
kein andrer tut für andern was.

MAHÂKAPPJNO*

548
Bei wem die Atem-Achtsamkeit
vollendet, gut entfaltet ist,
mit jedem Schritt und Tritt durchübt,
wie sie vom Buddho aufgezeigt:
der strahlt in diese ganze Welt,
gleichwie der wolkenfreie Mond.

549
Ach, wahrlich weiß ist jetzt mein Herz
unmeßbar weit und gut entfaltet,
durchdrungen ist es, hochgespannt
und strahlt in jede Richtung hin.

551
Die Weisheit nimmt Gehörtes wahr,
die Weisheit mehrt Anseh'n und Ruf,
von Weisheit tief ergriff'ner Mann,
selbst noch im Leiden findet er das Glück.

552
Nicht gilt die Lehre heute nur,
nicht wunderbar und nicht erstaunlich:
geboren wird und Sterben kommt, -
was ist daran wohl so erstaunlich?

553
Geborenem folgt ohne Pause
das Leben und der sich're Tod, -
die immer neu Gebor'nen sterben:
von solcher Art sind Atemwesen.

KAPPO
(der Geeignete)

567
Mit aller Arten Hausschmutz voll,
ein einzig großes Kot-Entstehen,
gleichwie ein Teich, der ganz verrottet,
wie große Beule, großer Dschungel.

568
Von Eiter und von Blut ganz voll,
in eine Dunggrube gesunken,
von Wasser triefend ist der Körper,
strömt immer Fauliges nur aus.

569
Ein Sechzig-Sehnen-Angebinde,
mit Fleisch als Schmiere zugeschmiert,
in's Futteral der Haut gebunden,
ein Körper faulig, ohne Nutzen.

570
Die Knochen zum Verbund gebunden,
mit Sehnenschnüren festgezurrt,
durch vielerlei Zusammenspiel
entsteht dann die Bewegungsart.

574
So dieser Körper sich bewegt,
von Tun und Handeln angetrieben, –
Glück baut sich auf – und bricht entzwei,
nur Vielfaltwerden stets erscheint.

575
Die sich den Leib zu eigen machen,
die blinden Toren, Massenmenschen,
vermehren nur den Friedhof schrecklich,
ergreifen immer Wiederwerden.

576
Doch die den Leib zu lassen wissen,
wie eine kotbeschmierte Schlange,
die Werdenswurzel ausgespien:
die löschen aus, von Einfluß frei.

UPASENO*

584
Leicht greift er auf das Sammlungszeichen,
erkennt, was in den Geist einströmt,
an Stille schließe er sich an,
im Zeitfluß an das weite Sehen.

585
Verseh'n mit Tatkraft und mit Ausdauer,
sei er an's Übungsjoch gebunden, -
ist nicht das Leidensend' erreicht,
mag zum Vertrauen geh'n der Weise.

586
Dem so im Geiste Lebenden,
dem Mönch, der so das Reine liebt,
dem schwinden alle Einflüsse,
zum tiefen Frieden er gelangt.

SAMKICCO

606
Bin tief erfreut am Tode nicht,
bin tief erfreut am Leben nicht,
die Todeszeit ich warte ab,
gleichwie der Diener seinen Lohn.

607
Bin tief erfreut am Tode nicht,
bin tief erfreut am Leben nicht,
die Todeszeit ich warte ab,
verstehend alles, achtsam ganz.

SÎLAVÂ
(der Tugendhafte)*

608
Die Tugend nur ihr mögt hier üben,
in dieser Welt gut eingeübt!
Denn ist die Tugend ganz erlangt,
erschließt sie sich dem treuen Dienst.

613
Maß ist und Zügelung die Tugend,
des Herzens tiefstes Freudenswort,
ist auch die Furt ja aller Buddhas:
darum die Tugend kläre man.

614
Die Tugend: Kraft – ganz unvergleichlich,
die Tugend: Waffe – höchster Art,
die Tugend: Schmuckstück – allerbestes,
die Tugend: Panzer – ungewöhnlich.

615
Die Tugend: Brücke – fest gegründet,
die Tugend: Duft – unübertrefflich,
die Tugend: Salbe – allerbeste,
wohin sie weht, in jede Richtung.

616
Die Tugend: Vorsorge – die Spitze,
die Tugend: Reisezehrung – höchste,
die Tugend: allerbester Führer,
wohin man geht, in jede Richtung.

SONA-KOLIVISO*

637
Auf gradem Wege, dem erklärten,
geht nur voran, kehrt niemals um!
Vom SELBST her sporn' das Selbst man an,
Nibbânam kann gewonnen werden.

638
Bei allzu überspannter Tatkraft,
der Lehrer, in der Welt der höchste,
das Lautengleichnis er mir gab,
wies so die Lehre auf, der Seher.

639
Als dessen Wort ich angehört,
lebt' ich an seiner Weisung froh, –
zur inn'ren Stille bracht' ich mich,
zum höchsten Ziel drang ich hindurch:
drei Wissen sind von mir erlangt,
getan des Buddho Weisung ist.

REVATO*

647
Die Mettâ hab' ich tief erkannt,
hab' unermeßlich sie entfaltet,
mir Schritt für Schritt vertraut gemacht,
wie von dem Buddho aufgezeigt.

648
Bin aller Freund, Gefährte aller,
fühl' mich mit allen Wesen eins, –
den Mettâ-Geist entfalte ich,
bin ohne Feindschaft, immer froh.

649
Das Uneinnehmbar-Unerschütterliche
bringt tiefe Freude in mein Herz, –
das Brahmawohnen ich entfalte,
von schlechten Menschen nicht verfolgt.

650
Gedankenstille hat erreicht,
des Vollerwachten Schüler er,
tief in den edlen Stand des Schweigens
ist er getaucht für alle Zeit.

GODATTO
(Kuhselbst)*

659
Gleichwie ein gutes Rassepferd,
an's Joch gebunden, Joch erträgt,
bedrückt von allzu schwerer Last,
dem Zuggeschirr sich nicht entwindet:
660
so in der Weisheit sind zufrieden,
gleichwie das Meer mit seinem Wasser,
die andere nicht mehr verachten:
das ist die Edelart der Wesen.
661
Wenn in der Zeit die Zeit erfahren,
zum Werden-Nichtwerden gegangen:
die Menschen geh'n zum Leid hinab,
sie klagen hier als Junge schon.
662
Die hochgestimmt vom Glücksereignis,
vom Leidensumstand tief bedrückt:
zweifach die Toren sind geschlagen,
die das, was wirklich ist, nicht seh'n.
663
Doch die beim Leid und auch beim Glück
die Naht der Mitte überschritten,
die stehen wie die Indrasäule:*
sind nicht erhoben, nicht bedrückt.
664
Nicht vom Gewinn, nicht vom Verlust,
vom Ruhm nicht und vom Anseh'n nicht,
vom Tadel nicht, auch nicht vom Lob,
vom Leiden nicht und nicht vom Glück:
665
Allüberall schmiert nichts sie zu,
wie Wassertropfen nicht den Lotos,
allüberall sind Glückeshelden,
allüberall sind unbesiegt.

AÑÑÂKONDAÑÑO
(der erkannt hat)*

673
Ich komme mehr und mehr zum Frieden,
seit ich gehört die Lehre allzuköstlich, –
die frei von Reiz gezeigte Lehre,
nicht haftend mehr allüberall.

674
Ach, viele Bilder in der Welt,
auf diesem weiten Erdenkreis,
verwirren, meine ich, das Denken, –
das Schöne ist mit Reiz verbunden.

675
Wie Staub, vom Winde aufgewirbelt,
die Regenwolke niederschlägt,
so werden ruhig die Gedanken,
wenn man mit Weisheit das durchschaut.

UDÂYÎ*

693
Den Elefanten werd' ich euch erklären,
von ihm geht nie Bedrängnis aus:
Sanftmut und Freisein von Gewalt
zwei Füße sind des Elefanten.

694
Die Sati und die klare Einsicht
des Elefanten andern Füße, -
Vertrau'n des Elefanten Rüssel,
Gleichmut das weiße Elfenbein.

695
Die Sati Nacken, Kopf die Weisheit,
das Forschen ist das Dhammadenken, -
der Dhammaschoß das rechte Wohnen,
die Abgeschiedenheit sein Schwanz.

696
Der sich vertieft, am Atem froh,
und ist im Innern gut gesammelt:
es geht der Elefant gesammelt,
es steht der Elefant gesammelt.

697
Gesammelt liegt der Elefant,
im Sitzen ist er auch gesammelt, -
stets ist der Elefant gezügelt,
dies Elefanten-Meisterschaft.

700
Gleichwie im Wasser er entsteht,
der weiße Lotos, weiterwächst
und nicht benetzt vom Wasser wird,
von reinem Duft, der Geist erfreut:

701
So auch ist in der Welt entstanden
der Buddho, in der Welt er lebt,
wird nicht benetzt mehr von der Welt,
gleichwie vom Wasser nicht der Lotos.

ADHIMUTTO
(der Hingegebene)

708
Wenn alles Werden ausgeschöpft,
der Dhammo ist ganz klar erschaut,
nicht gibt es länger Todesfurcht,
als wär' die Last schon abgelegt.

711
Bin Jenseitsgänger, Haftensfreier,
tat, was zu tun, bin Einflußfreier,
zufrieden, wenn die Zeit vorbei,
wie freigekommen aus dem Schlachthaus.

715
Nicht gibt es mehr für mich „Ich war", -
„Ich werde sein" gibt es nicht mehr, -
Sankhâras werden nicht mehr sein:
was gäbe es zu klagen da?

717
Gleich Gras und Feuerholz ist Welt, -
wenn er mit Weisheit das so sieht,
hat er nicht Mein-Empfinden mehr,
„Nicht gibt es Mein!" er nicht beklagt.

722
Der All-Erkenner, Alles-Seher,
der Sieger ist ein Lehrer mir, -
der Groß-Erbarmer ist mein Meister,
der aller Welt ein Heiler ist.

723
Er zeigte diese Lehre auf,
die zum Versiegen führt, die höchste, -
auf Grund von dessen Lehre ja
wird so erlangt Klaglosigkeit.

PÂRÂPARJYO*

728
Der Menschen Sinnesfähigkeiten
zum Wohle und zum Nichtwohl führ'n:
die unbeschützten führ'n zum Nichtwohl,
und die beschützten hin zum Wohle.

729
Die Sinne immer gut beschützend,
die Sinne wie ein Hirt bewachend:
ist das sich selbst zur Pflicht geworden,
nicht wird dann irgendwas gequält.

738
Gestalt der Frau, Geschmack der Frau,
und auch Berührung einer Frau,
bei Frauendüften, wer erregt:
vielfältig findet in sich Leiden.

739
Ach, diese Frauenströme alle,
durchfließen ständig fünf bei Fünfen, -*
bei ihnen einen Wall zu bauen,
wer dazu fähig, heldenhaft:

740
Der ist im Vorteil, lehr-sinnkundig,
der ist geschickt, der ist ganz wachsam, -
er mag nun tun voll tiefer Freude
die Pflicht, dem Lehr-Sinn ganz verbunden.

741
Dann sitzt er, in sich fest gezügelt,
vermeidet Pflicht, die nutzlos ist.
„Nicht das ist Pflicht!" hat er gedacht,
nicht träge, immer wachsam sehend.

743
Wer da mit großen, schlauen Reden
die Andern zum Begehren treibt,
der hat getötet, führt zum Klagen,
brach mit Gewalt bei Andern ein.

744
So wie beim Bau'n mit Bolzen einen Bolzen
schlägt tief hinein der starke Mann:
so auch die Sinne mit den Sinnen
schlägt tief hinein der Tüchtige.

745
Vertrauen, Tatkraft und die Sammlung
und Sati-Weisheit stets entfaltend:
hat fünf mit Fünfen er getötet,
ganz unverwirrt geht der Brahmane.

TELAKÂNI
(kleine Menge Öl)

757
Wer ohne Messer, ohne Wunde
den Pfeil, der mir im Innern liegt,
und nicht verletzend alle Glieder,
den Pfeil wird einmal mir entfernen?

758
Der Dhammameister ist der Beste,
zieht böses Gift aus mir heraus, –
mir, der ich in die Tiefe fiel,
hat rettend er die Hand gezeigt.

ANGULIMÂLO (Fingergirlande)*

866
Beim Gehen sagst Du, Du Asket: „Ich stehe!"
Und mich nennst Du beim Steh'n „nicht stehend".
Ich frage Dich, Asket, nun nach dem Sinn:
Warum stehst Du und warum steh' ich nicht?

867
Fest stehe ich, Angulimâlo, überall,
bei allen Wesen legt' ich ab den Stock, –
Du aber bei den Wesen ungezügelt bist:
Darum steh' ich und Du bist einer, der nicht steht.

PHUSSO
(der Klare)

979
Seid liebevoll und habt Erbarmen!
Seid in der Tugend gut gesammelt!
Macht Tatkraft auf und strebt im Selbst!
Steht immer fest in eurer Übung!

980
Ist Lässigkeit als Angst geseh'n,
Nichtlässigkeit als Frieden bringend:
Entfaltet den Achtgliederweg!*
Berühret des Todlosen Pfad!

SÂRIPUTTO*

1013
Das große Meer, die Erde nicht,
Gebirge nicht und nicht der Wind:
zum Gleichnis reichen sie nicht hin
des Lehrers, der so gut befreit.

1015
An Weisheit ist vollendet er,
ist weit an Einsicht, großer Muni:
nicht träge scheint er träg' zu sein,
für immer lebt erloschen er.

ÂNANDO*

1018
Mit Boshaftem und Zornigem,
mit Selbstsicher'm, Zerstörungsfrohem
nicht Freundschaft schließt der Weise wohl:
schlecht ist mit schlechten Menschen Umgang.

1019
Mit dem Vertrauend-Liebenswerten,
der Weisheit sucht und viel gehört,
wohl Freundschaft schließt der Weise sich:
Glück ist mit guten Menschen Umgang.

1029
Auf die Geduld zielt der den Willen,
was er gewagt, das wägt er ab,
zur rechten Zeit strengt er sich an,
im Innern ist er gut gesammelt.

1035
Ach, hingegangen der Gefährte,
er lebt nicht mehr, der gute Lehrer, –
jetzt gibt es nur noch einen Freund:
die Sati, die zum Körper geht.

1036
Die Alten alle sind vergangen,
mit Neuen mich nichts mehr verbindet:
so heut' allein ich mich vertiefe,
gleichwie zur Regenzeit die Vögel.

MAHÂKASSAPO
(der große Kassapo)*

1051
Nicht von der Menge hoch verehrt man lebe,
man ist bedrängt, kommt schwer zur Sammlung, –
die Massenvolkversammlung ist nur leidvoll,
und so geseh'n, die Menge man nicht möge.

1074
Mit Lippensieg alleine nur
das SELBST man niemals sehen kann,
steifnackig geht man da einher,
und „Ich bin besser!" denkt man nur.

1075
Nicht besser, besser doch zu sein,
so denkt der Tor wohl sich das SELBST, –
nicht können Weise ihn da loben,
den steif im Geist geword'nen Mann.

1076
Wer beim Gedanken „Besser bin ich!"
„Nicht bin ich besser!" wiederum,
„Geringer bin ich oder gleich!"
nicht eingebildet sich erregt, –

1077
den Klugen, der nur recht noch spricht,
in aller Tugend gut gesammelt,
an Seelenfrieden angeschlossen,
den können Weise loben wohl.

TÂLAPUTO
(Fächerpalmengefäß)*

1091
Wann werde ich in tiefen Bergeshöhlen,
wann ganz allein und ohne zweiten wohnen,
als nicht beständig alles Werden sehend, –
daß dies geschieht, wann wird es endlich sein?

1092
Wann werde ich das Stückelkleid wohl tragen,
ein Muni, gelb gekleidet, ohne Mein und völlig frei?
Wann werd' den Reiz, die Abwehr ich, Verblendung
gelassen haben, voller Glück am Berghang wohnen?

1093
Wann werd' den unbeständigen, krankheitsgeschlag'nen,
den Leib, der stets von Tod und von Verfall bedroht,
durchschau'n und werde wohnen, frei von aller Furcht,
allein im Wald? Ach, das, – wann wird es endlich sein?

1094
Wann werd' ich das, was Furcht erzeugt und Leiden bringt,
den Durst, der rankt und in die Vielfaltstäuschung führt,
hab' ich das scharfe Weisheitsschwert ergriffen erst,
zerschlagen diese Mächte? Das auch, – wann wird's sein?

1095
Wann, wenn ich von dem mächtig starken Weisheitsfeuer,
vom Lehrer aller Weisen tief ergriffen bin,
werd' ich das Mâra-eig'ne Heer kraftvoll vertreiben
vom Löwenthron? Ach, das, – wann wird es endlich sein?

1126
Allüberall bin ich dir, Herz, zu Willen nur gewesen,
durch zahllose Geburten hin hast du mich nicht gestört,
das inn're Werden war voll Dankbarkeit für dich,
doch Leiden nur hast du dem lang Gewanderten gebracht.

1127
Du nur allein, mein Herz, machst zum Brahmanen uns,
du uns zum Krieger und zum Königsweisen machst, –
einmal wir Bürger und dann Arbeiter wir werden,
zum Götterstatus kommen wir auch ebenso.

1128
Durch dich allein wir müssen Riesen werden,
durch dich allein wir müssen Höllenwesen werden,
dann auch zum Tierreich kommen wir zu einer Zeit,
und auch Gespensterstatus wird uns auferlegt.

1129
Nicht wirst du mich jetzt mehr verletzen immer wieder,
nur einen kurzen Augenblick wie Maskenspiel seh' ich dich an,
verrückt zu sein, du eben nur von mir verlangst, –
was denn, mein Herz, nur hab' ich wohl an dir versäumt?

1132
Nichts ist jetzt so, mein Herz, mehr, wie es früher war,
ich hab' genug, in deinen Machtbereich zurückzukehren, –
zum großen Weisen zog ich fort, in seiner Botschaft, –
die so wie ich sind, tragen keinen Untergang.

MAHÂMOGGALÂNO*

1165
Nicht ist für den, der nachgiebig,
nicht ist für den, der kaum beharrlich,
Nibbânam wirklich zu erreichen,
das Aller-Fesseln-Ledigwerden.

1174
Wer nicht die wahre Lehre sieht,
vor den Geburtenkreis gestellt,
geht hin und her auf krummem Pfad,
dem Abweg rennt er immer nach.

1198
Der da den Brahma gründlich fragt,
ganz nah an der Sudhamma-Halle:*
„Hast Du, Freund, heute noch die Ansicht,
die Ansicht, die Du früher hattest?
Siehst Du nicht, wie zu Ende geht
das Strahlen in der Brahmawelt?"

1199
Und Brahma dann erklärte ihm
gefragte Frage, wie's so ist:
„Nicht hab' ich, Herr, jetzt mehr die Ansicht,
die Ansicht, die ich früher hatte.

1200
Ich sehe, wie zu Ende geht
das Strahlen in der Brahmawelt, -
wie könnte ich falsch sagen noch:
Bin immerwährend, ewig da!"

1201
Wer dieses wirklich tief versteht,
ein Bhikkhu, echter Buddhajünger:
Verletzt Du einen solchen Bhikkhu,
sinkst, Dunkler, Du, zum Leiden ab.

VANGÎSO*

1224
Nur durch der Wahrnehmung Verkehren
das Herz wird dir rundum verbrannt, –
das Zeichen der Erscheinung meide:
das Schöne ist mit Reiz verbunden.

1225
Durch das Nichtschöne dir das Herz entfalte!
Einspitzig sei und gut gesammelt!
Die Sati richte auf den Körper!
Sei einer, reich an Überdruß!

1226
Das Zeichenlose auch entfalte!
Stolzneigung zieh' aus dir heraus!
Hast du den Stolz gründlich erfaßt,
im Frieden wirst du ruhig leben.

1227
Nur solches Wort man möge sprechen,
wodurch das Selbst sich nicht erhitzt
und das die andern nicht verletzt:
das ist ein wohlgesproch'nes Wort.

1228
Ein liebes Wort nur spreche man,
ein Wort, das freudig wird begrüßt, –
nicht greife auf die schlechten Dinge,
zu andern wird nur lieb gesprochen!

1230
Das Wort, das der Erwachte spricht,
das still hin zum Nibbânam führt,
das allem Leid ein Ende macht:
Das ist der Worte höchstes, ja!

Lieder
der Nonnen

EINE UNBEKANNTE

1

O glücklich schlafe nun, du Therî,
hast dich mit Lumpentuch bedeckt,
gestillt ist nun in dir der Reiz,
wie Dörrgemüse in dem Topf.

DHÎRÂ
(die Weise)*

6

O Dhîrâ, das Beenden fasse,
Wahrnehmungsstille, tiefes Glück!
Ach, neige zum Nibbânam dich,
zum Übungsfrieden höchster Art.

MITTÂ
(die Freundin)

8

Vertrauend zogest du hinaus,
o Mittâ, sei an Freundschaft froh!
Entfalte nur heilsame Dinge,
um Übungsfrieden zu erreichen!

MUTTÂ
(die Befreite)

11

So gut befreit bin ich nun frei,
drei Buckellasten bin ich los:
vom Mörser und vom Stößel, ja*
und von dem Buckel Ehemann.
Frei bin ich von Geburt und Tod,
der Werdensstrom, er ist entfernt.

DHAMMADINNÂ
(die Dhammagegebene)*

12

Die Willenskräfte halte an!
Und sei im Geiste weit gespannt!
Ist's Herz an Sinnenlüste nicht gebunden,
„stromaufwärts" wird es dann genannt.

VISÂKHÂ
(Maimond)*

13

Erfüllt die Buddhaweisung recht!
Wenn sie getan, bereut man nichts.
Habt ihr die Füße rasch gereinigt,
zur Seite setzet euch dann hin!

UTTARÂ
(die Höchste)*

15

Im Körper war gezügelt ich,
im Reden und im Denken auch, –
des Durstes Wurzel zog ich aus,
bin kühl geworden, bin erloschen.

SUMANÂ
(im guten Geist)*

16

Sei glücklich, Alte, in dir selbst,
hast dich mit Lumpentuch bedeckt, –
gestillt ist nun in dir der Reiz,
bist kühl geworden, bist erloschen.

DHAMMÂ
(die im Dhammo Stehende)*

17

Als ich um Almosen gegangen,
auf einen Stock gestützt und schwach,
mit Gliedern, die mir zitterten:
da stürzte auf die Erde ich, –
als ich die Not im Körper sah,
da wurde ich im Herzen frei.

SANGHÂ
(die im Sangho Stehende)*
18
Verließ das Haus und zog hinaus,
verließ den Sohn, das liebe Vieh,
verließ den Lustreiz und den Haß:
Nichtwissen habe ich beseitigt,
des Durstes Wurzel zog ich aus,
bin still geworden, bin erloschen.

JENTÎ
21
Was sieben sind Erwachensglieder,
die Wege zum Nibbânam hin:
entfaltet sind sie von mir alle,
wie von dem Buddho aufgezeigt.
22
Erkannt hab' den Erhab'nen ich:
dies ist der letzte Körperhaufen,
erschöpft ist der Geburtenkreislauf,
nicht ist jetzt mehr ein Wiederwerden.

CITTÂ
(die Geschmückte)
27
Und wenn ich auch ganz hager bin
und krank nun und auch äußerst schwach, –
auf einen Stock mich stützend geh' ich
und steige ins Gebirge hoch.
28
Die Robe hab' ich abgelegt,
die Bettelschale umgestülpt, –
im Fels ich stützte da das SELBST:
die Dunkelmasse ich durchdrang.

ABHAYÂS MUTTER
(die Furchtlose)

33
Was, Mama, oberhalb der Fußsohle
und was da unterhalb der Haaresspitze:
betrachte diesen ganzen Körper
als unrein und nur faulig riechend.

34
Und als ich dann verweilte so,
entfernt' ich allen Reiz aus mir, –
das Fieber ist nun abgeschnitten,
bin kühl geworden, bin erloschen.

ABHAYÂ
(die Furchtlose)

35
Ach, Abhayâ, zerbrechlich ist der Körper,
wo immer Wesen, Menschen sind!
Ich lege einmal ab den Leib,
in vollem Wissen, achtsam ganz.

36
Bei vielen, vielen Leidensdingen
stets an Nichtlässigkeit erfreut,
des Durstes Ende hab' erreicht:
getan des Buddho Weisung ist.

EINE ANDERE UTTAMÂ
(die Höchste)

45
Was sieben sind Erwachungsglieder,
die Wege zum Nibbânam hin:
entfaltet sind sie von mir alle,
wie von dem Buddho aufgezeigt.

46
Der Leerheit helles Sammlungszeichen
hab' ich erlangt, wie ich gewünscht.
Bin Tochter aus der Brust des Buddho,
stets am Nibbânam tief erfreut.

47
All' Sinnenlüste sind gespalten,
die himmlischen, die menschlichen:
erschöpft ist der Geburtenkreis,
nicht ist jetzt mehr ein Wiederwerden.

DANTIKÂ
(die Zähmerin)

48
Ging aus der Mittagsstille fort,
hinauf zum Gipfel Geierberg.
Da einen aufgetauchten Elefanten
erblickte ich am Flussesufer.

49
Ein Mann nahm seinen Stachelstock,
„gib deinen Fuß!" er bittet ihn.
Der Elefant streckt seinen Fuß,
der Mann besteigt den Elefanten.

50
Den Ungezähmten sah gezähmt,
der Menschen Einfluß unterworfen:
da ließ ich sammeln sich den Geist,
als in den Wald ich war gegangen.

SUKKÂ
(die Weiße)

54
Was hab' in Râjagahâ ich getan?
Die Menschen tranken dort nur immer Honig.
Sie folgen nicht der Sukkâ nach,
wenn sie die Buddhabotschaft weist.

55
Dabei ist sie kein Hindernis,
benetzt nicht, gibt nur inn're Kraft, –
nur Weise, denk' ich, trinken sie,
wie Wolkenguß der Reisende.

56
Du Weiße mit den weißen Dhammas,
von Reizen frei, gesammelt ganz,
nun trage deinen letzten Leib,
hast du besiegt das Mâro-Lasttier.

SELÂ
(die Kristallene)

57
Mâro: Nicht ist ein Ausweg aus der Welt,
was wirst du tun mit Einsamkeit?
Genieße nur die Sinnenfreuden,
damit du später nichts bereust!*

58
Selâ: Schwertspitzen gleich die Lüste sind,
Scharfrichterklotz der Khandhas nur:
was Sinnenfreude du benennst,
das ist nur Unlust jetzt für mich.

59
Die Freude ist getötet ganz,*
die Dunkelmasse aufgebrochen, –
begreife endlich, Schlechter, du:
erschlagen bist du, Endiger!*

SOMÂ
(Name einer Baumart)

60

Mâro: Das, was den Meistern gilt zu schaffen,
den Stand, der schwer ist zu erlangen,
nicht ist das bei Zweifingerweisheit
zu schaffen möglich einer Frau.

61

Somâ: Das Frausein, was tut das zur Sache
bei einem Herzen, das in sich gesammelt?
Erkenntnis stets in sich bewegt
und recht den Dhammo schauen kann?

VIMALÂ
(die Fleckenlose – eine frühere Hure)*

72
Berauscht von glänzender Gestalt,
von Schönheit und von weitem Ruhm,
von meiner Jugend hochgetragen,
verachtete die ander'n ich.

73
Ich schmückte diesen Körper aus,
gekleidet bunt, ich töricht murmelte, –
stand vor des Freudenhauses Tür,
warf wie ein Jäger Schlingen aus.

74
Ich zeigte meinen Flitterschmuck,
ließ reichlich das Verborg'ne seh'n,
rief Täuschung vielfach nur hervor,
verlachte noch das Männervolk.

75
Heut' geh' ich hin um Almosen,
bin kahl, von Robe nur bedeckt,
ich sitze unter Baumeswurzel,
erfahre Freisein von Gedanken.

76
Die Joche abgeschnitten alle,
die himmlischen und menschlichen, –
verworfen alle Einflüsse:
bin kühl geworden, bin erloschen.

SÎHÂ
(die Löwin)

77
Nicht bis zum Grund hab' ich gedacht,
war nur von Sinnenreiz geplagt, -
war früher voller Unruh' nur,
im Herzen kraftlos übte ich.

78
War eingebunden nur in Flecken,
bedachte stets das Ziel des Glücks
und fand nicht Ebenmaß des Herzens,
das unter'm Lustreiz-Einfluß stand.

79
Ganz hager, blass und ohne Farbe
zog sieben Jahre ich umher, -
und nicht bei Tage, nicht bei Nacht
fand ich das Glück in meiner Qual.

80
So nahm ich dann das feste Seil,
ging in den tiefen Wald hinein:
das Beste, ich erhäng' mich hier,
mag nicht zurück mehr in die Welt.

81
Schon war die Schlinge fest geknüpft,
gebunden an den Ast des Baums:
ich zog die Schlinge zu am Hals, -
da wurde ich im Herzen frei.

NANDUTTARÂ
(die Freudenhöchste)

87
Das Feuer und auch Mond und Sonne,
und auch die Gottheit ich verehrte, –
ging an die Furt so mancher Flüsse,
stieg in das Wasser auch hinein.

88
Ich nahm sehr viele Regeln an,
den halben Kopf ich schor mir kahl,
und auf der Erde war mein Lager,
ein Nachtmahl nahm ich niemals ein.

89
Ich war an Schmuck und Putz erfreut,
mit Baden und mit feinen Ölen
bediente diesen Körper ich,
von Sinnenlustreiz war geplagt.

90
Als ich Vertrauen dann gewann,
zog ich in die Hauslosigkeit, –
ich sah den Körper, wie er ist:
der Sinnenlustreiz war entfernt.

91
All' Werden ist nun abgeschnitten,
die Wünsche und Verlangen auch, –
von allen Jochen bin ich frei:
die Stille fand im Innern ich.

MITTAKÂLÎ
(die dunkle Freundin)

92
War aus Vertrauen ausgezogen
vom Haus in die Hauslosigkeit, -
ich wanderte von hier nach dort,
voll Eifer nach Gewinn und Ehre.

93
Gab' auf das allerhöchste Ziel,
dem nied'ren Ziel ich folgte nur, -
kam in der Triebe Machtbereich,
Asketenziel erkannt' ich nicht.

94
Da wurde ich ergriffen tief,
als ich in meiner Zelle saß:
bin auf den Abweg schon geraten,
des Durstes Macht mich überkam.

95
Nur kurz noch bleibt das Leben mir,
Alter und Krankheit es zerreiben, -
bevor der Körper wird zerbrochen,
nicht bleibt mir Zeit zum Lässigsein.

96
So sah ich an die Wirklichkeit,
der Khandhas Auf- und Untergang:
mit freiem Herzen stand ich auf,
getan des Buddho Weisung ist.

SONÂ

102
Zehn Kinder habe ich geboren
aus diesem Körperhaufen hier, –
bin drüber alt und schwach geworden,
als ich zu einer Nonne ging.

103
Sie zeigte mir die Lehre auf:
die Khandhas, Sinnenreiche, Elemente.–*
Und als die Lehre ich gehört,
schnitt ich die Haare ab, zog fort.

104
Und mir, die ich nun innig übte,
das Himmelsauge klärte sich:
ich weiß nun alten Aufenthalt,
wo ich zuvor habe gelebt.

105
Das Zeichenlose ich entfalte,
auf Eins gerichtet, gut gesammelt, –
im Augenblick war ich befreit,
ganz ohne Haften, schon erloschen.

106
Fünf Khandhas sind rundum erkannt,
sie stehen nun entwurzelt da, –
hab' festen Grund, bin frei von Wünschen:
nicht ist jetzt mehr ein Wiederwerden.

PATÂCÂRÂ
(die Mantelgeherin)*

112
Mit Pflügen pflügen sie das Feld,
sie säen Samen in die Erde,
ernähren Frauen und die Kinder,
zu Reichtum finden so die Männer.

113
Und ich, mit Tugend ausgestattet,
des Lehrers Weisung folgend nur,
erreiche das Nibbânam nicht,
das niemals träge, unruhvolle?

114
Da wusch ich meine Füße mir,
am Wasser wurde es mir klar:
den Weg des Wassers sah ich da,
wie es vom Hoch zum Nieder kam:
ich rief das Herz zur Sammlung auf,
wollt' es wie gutes Pferd erkennen.

115
Als eine Lampe ich genommen,
ging ich ins Kloster dann zurück,
sah mir das Lager achtsam an
und setzte mich dann auf das Bett.

116
Dann nahm den Halter ich heraus
und zog den Docht nach unten sacht:
und beim Nibbânam meiner Lampe,
da wurde frei ich im Gemüt.

CANDÂ
(die Mondartige)

122
Auf schlechtem Weg ich früher war,
war Witwe und war kinderlos,
war ohne Freunde und Verwandte,
ein Mahl und Kleid bekam ich kaum.

123
Die Schale nahm ich und den Stock
und bettelte von Stamm zu Stamm, –
ließ mich von Kälte-Hitze quälen,
zog sieben Jahre so umher.

124
Als ich die Bhikkhunî sah wieder,
wie leicht sie Speis' und Trank bekam,
ging ich zu ihr und sprach ein Wort:
„Ich zog in die Hauslosigkeit."

125
Und in dem Mitgefühl mit mir,
nahm Patâcârâ mich dann auf, –
und als sie dadurch mich ermuntert,
sie zog mich hin zu höchstem Ziel.

126
Als ihre Rede ich gehört,
ich folgte ihrer Weisung nur, –
umsonst war nicht der Schwester Mahnung:
dreiwissend bin ich, einflußfrei.

FÜNFHUNDERT FRAUEN BEI PATÂCÂRÂ*

127
„Den, dessen Weg du nicht erkennst,
des Angekomm'nen, des Gegang'nen,
den Sohn, – woher ist er gekommen? –
'Ach, du mein Sohn!' beweinest du?

128
Und wenn du dessen Weg erkänntest,
der angekommen, der gegangen,
du würdest um ihn trauern nicht:
so ist nun das Gesetz der Wesen.

129
Gewünscht nicht, kam von dort er an,
ist unerlaubt von hier gegangen, –
woher er nun auch angekommen,
er blieb für kurze Tage nur.

130
Von hier auf andern Weg gelangt,
von dort er wieder andern geht, –
als toter Geist in Menschenform
samsârakreisend wird er geh'n:
wie er gekommen, so gegangen –
was soll da alles Klagen noch?"

131
Du zogst den Pfeil mir wahrlich aus,
der, schwer zu seh'n, im Herzen steckt, –
mir, die von Trauer überwältigt,
triebst du die Sohnestrauer aus.

132
Bin heute von dem Pfeil befreit,
gestillt und ganz erloschen schon.
Zum Buddho, Dhammo und zum Sangho
ich geh' zur Zuflucht, zu dem Muni.

VÂSITTHÎ
(die Haus-Frau)

133
Von Sohnestrauer nur bedrängt,
wie außer Sinnen, unbewußt,
ganz nackend und mit wirren Haaren,
so irrt' ich hier und dort herum.

134
Auf Straßen, über Abfallberge,
auf Leichenplätzen, Karrenwegen
trieb ich drei Jahre mich herum,
von Hunger und von Durst gequält.

135
Da sah ich ihn, den Sugato,*
der in die Stadt Mithilâ kam,
den aller Ungezähmten Zähmer,
den ganz Erwachten, frei von Furcht.

136
Da faßte ich mein Herz zusammen,
begrüßte ihn und trat zu ihm:
er zeigte mir die Lehre auf,
aus Mitgefühl, der Gotamo.

137
Als seine Lehre ich gehört,
zog ich in die Hauslosigkeit, –
ich band mich an des Lehrers Wort,
verwirklichte den Glückespfad.

138
Die Sorgen all' sind abgetrennt,
verlassen nun, beendet ganz:
erkannt ist nun von mir der Grund,
aus dem die Sorgen wachsen auf.

KHEMÂ
(die Friedvolle)*

139

Mâro: Du bist so jung und schöngestaltet,
auch ich bin jung und jugendfrisch,
zu der Musik im Fünferklang
geh, Khemâ, und ergötze dich!

140

Khemâ: Bei diesem faulen Körper hier,
dem elenden, zerbrechlichen,
ich quäle und ich schäme mich:
der Sinnendurst ist ausgezogen.

141

Schwertspitzen gleich die Lüste sind,
der Khandhas Block des Scharfrichters, –
was du als Sinnenlust erklärst,
das ist jetzt Unlust nur für mich.

142

Allüberall entfernt die Freude,
die Dunkelmasse ist durchbrochen, –
so wisse nun, du Schlechter, du,
geschlagen bist du, Endiger!

143

Das Sternenheer verehrend wohl,
das Feuer hütend in dem Wald,
die echte Wahrheit wißt ihr nicht, –
ihr Toren so an Reinheit dachtet.

144

Doch ich bin nun verehrend nur
den ganz Erwachten, höchsten Menschen,
bin frei von allem Leiden nun, –
des Lehrers Weisung ich erfülle.

SUJÂTÂ

(die Wohlgeborene)

145
Herausgeputzt und schön gekleidet,
umkränzt mit Blumen, Sandelduft benetzt
und überall mit Schmuck bedeckt,
von Dienerinnenschar geehrt.

146
Ich hatte Speise und Getränk genommen
und reichlich festes Knabberzeug,
war aus dem Haus hinausgefahren,
den schönen Park besuchte ich.

147
Dort freut' ich mich, vergnügte mich,
fuhr in mein eignes Haus zurück, –
ein Kloster sah ich und betrat es,
bei Sâketa im Walde Anjanam.*

148
Als ich das Licht der Welt geseh'n,
begrüßt' ich es und trat heran, –
es zeigte mir die Lehre auf
aus Mitgefühl, der Sehende.

149
Als ich den großen Herrn gehört,
die Wahrheit da durchdrang ich ganz
und dort die fleckenlose Lehre, –
berührte gleich den Todlospfad.

150
Als ich begriffen den Saddhammo,
zog ich in die Hauslosigkeit, –
drei Wissen sind von mir erlangt,
umsonst nicht war die Buddhaweisung.

ANOPAMÂ
(die Unvergleichliche)

151

In hohem Stande bin geboren,
mit viel Besitz und reichen Gütern, –
mit Schönheit an Gestalt verseh'n,
als Tochter Majjhas bin geboren.

152

Ersehnt bin ich von Königssöhnen,
von Reicher Söhnen heiß begehrt, –
zum Vater wurd' geschickt ein Bote:
„Gebt mir Anopamâ zu seh'n!

153

So viel wie diese wert nun ist,
die Tochter dein, Anopamâ:
Achtfaches werde ich dir geben
an Gold und an Juwelen auch."

154

Da sah den ganz Erwachten ich,
den Weltbesten, unübertroffen, –
ich ehrte ihn zu seinen Füßen
und dann zur Seite stellt' ich mich.

155

Er zeigte mir die Lehre auf,
aus Mitgefühl, der Gotamo, –
und als ich saß auf meinem Platz,
berührte ich die dritte Frucht.*

156

Ich ließ die Haare schneiden ab,
zog fort in die Hauslosigkeit, –
und heut' hab' ich die siebte Nacht,
daß aller Durst dahingewelkt.

MAHÂPAJÂPATÎ
(große Hauptfrau)*

157

Dir, Buddha, Held, Verehrung sei,
von allen Wesen Höchster, Dir!
Du hast vom Leiden mich befreit
und auch das and're viele Volk!

158

Das ganze Leiden ist erkannt,
der Grund des Durstes ist verdorrt:
der edele Achtgliederweg,
das Aufhör'n ist von mir berührt.

159

Mutter, Sohn und Vater, Bruder,
und Großmutter ich früher war, –
die Wirklichkeit ich nicht erkannte,
fand aus dem Kreislauf nicht heraus.

160

Erschaut hab' den Erhab'nen ich,
dies ist die letzte Anhäufung:
erschöpft ist der Geburtenkreis,
nicht ist jetzt mehr ein Wiederwerden.

161

In frischer Tatkraft, ernst sich mühend
und ständig fest in ihrem Streben,
auf gradem Weg die Jünger sieh:
das ist der Buddhas Ehr-Erweisen.

162

Für viele wahrlich nur zum Nutzen
Mâyâ gebar den Gotamo:
von Krankheit und von Tod Geschlag'nen
die Leidensmasse er vertrieb.

GUTTÂ
(die Bewachte)

163

Ach, Guttâ, warum zogst du fort?
Gabst Sohn und das Gehäufte auf?
Nur das noch immerzu entfalte:
nicht unter Herzensmacht gerate!

164

Vom Herzen sind getäuscht die Wesen,
an Mâros Reich sind sie erfreut, –
im Vielgeburtenwandelkreisen
sie strömen hin – und wissen nichts.

165

Den Sinnenwillen, Abgestoßensein,
den Glauben an Persönlichkeit,
das Tugendregelwerkverfechten,
den Zweifel noch als fünftes dann:

166

Hast alle diese festen Fesseln
du aufgegeben, Bhikkhunî,
die alle nur zum Diesseits führen,
wirst du hierher nicht wiederkehren.

167

Hast du den Reiz, den Stolz und falsches Wissen,
und inn're Unruh ganz gelassen,
die Fesseln alle durchgeschnitten:
dem Leid ein Ende wirst du machen.

168

Hast du entfernt Geburtenkreisen,
rundum erkannt das Wiederwerden:
bist du im JETZT schon ganz gestillt,
und friedvoll wirst du weiterleben.

UPACÂLÂ
(die Abschüttelnde)*

189
Ich habe achtsam und mit klarem Auge
als Bhikkhunî geübt die Fähigkeiten,
durchdrungen habe ich den Stillepfad,
von schlechten Menschen nicht verfolgt.

190

Mâro: Warum bejahst du nicht Geburt?
Geborener genießt die Sinnenreize.
Genieße alle Sinnesfreuden!
Sei hinterher nicht voller Reue!

191

Upacâlâ: Für den Geborenen ist Tod,
der Hände und der Füße Schneiden,
das Peitschen-Fessel-Elend droht:
Geborener zum Leiden geht.

192
Es ist im Sakyerstamm geboren
der ganz Erwachte, unbesiegt, –
er zeigte mir den Dhammo auf,
das Überwinden der Geburt.

193
Das Leiden und das Leid-Entstehen,
des Leidens Überwindung dann,
den edelen Achtgliederweg,
der hin zur Leidensstille führt.

194
Als seine Lehre ich gehört,
da blieb ich in der Weisung froh, –
drei Wissen habe ich erlangt,
getan des Buddho Weisung ist.

SÎSÛPACÂLÂ
(die Kopfschüttelnde)

200

In Flammen steht die ganze Welt,
die ganze Welt in Brand gesetzt,
es lodert nur die ganze Welt,
die ganze Welt, sie zittert nur!

201

Den ohne Zittern, ohne Gleichen,
von Massenmenschen nicht befolgt,
den Dhammo mir der Buddho wies,
dorthin nur zieht mich nun der Geist.

VADDHAMÂTÂ
(Mutter des Vaddho, des Wachsenden)

204

Mutter: Nicht komme, Vaddho, in der Welt
ein Wunsch dir immer wieder auf!
Nicht, Söhnchen, immer, immer wieder
nimm an dem Leiden weiter teil!

205

Glücklich sind, Vaddho, die Munis,
sind wunschlos, schnitten Zweifel weg, –
ganz kühl geworden, selbstgezähmt,
sie leben hier von Einfluß frei.

206

Mit diesen Meistern folge nur
dem Weg, der dich zum Schauen führt,
das Leiden hier zu Ende bringt:
das, Vaddho, nur entwickle dir!

207

Vaddho: Selbstsicher, wahrlich, redest du
von diesem Ziel, Erzeugerin, –
ich denke nun, mein Mütterchen:
ein Wünschen gibt es nicht für dich.

208

Mutter: Sankhâras, Vaddho, welche immer,
die niedrig, hoch und in der Mitte,
die fein auch und am feinsten sind:
ein Wünschen gibt es nicht für mich.

209

Die Einflüsse sind all' erschöpft,
hab', niemals lässig, mich vertieft:
drei Wissen sind von mir erlangt,
getan des Buddho Weisung ist.

210

Vaddho: Erhaben, wahrlich, meine Mutter
den Stachelstock so zeigte mir,
sprach Verse von dem höchsten Ziel,
gleichsam aus tiefem Mitgefühl.

211

Als ihre Rede ich gehört,
ermahnt von der Erzeugerin,
ergriff die Lehre mich zutiefst,
die hin zum Übungsfrieden führt.

212

Ich kämpfte nun und strebte selbst,
bei Tag und Nacht voll Eifer ganz, –
und von der Mutter so ermuntert,
berührte ich den höchsten Frieden.

KISÂGOTAMÎ
(die hagere Gotamidin)*

213
Die gute Freundschaft wird vom Muni,
wenn er die Welt zeigt, hoch gelobt, –
wenn einer gute Freundschaft teilt,
kann auch ein Tor ein Weiser sein.

214
Man folge guten Menschen nur,
so wächst die Weisheit, wenn man folgt, –
wenn man den guten Menschen folgt,
kann man von allen Leiden lösen sich.

215
Das Leiden kann erkennen man,
und auch des Leidens Ursprung dann,
das Aufhören und den Achtgliederweg,
die vierfach edlen Wahrheiten.

216
„Leidvoll das Frausein" – ist erklärt
vom Trainer, der die Menschen zähmt, –
der Ehestand ist Leiden auch,
und manche Erstgebärenden

217
durchschneiden sich die Kehle gar, –
und zarte, junge Mädchen schlucken Gift,
wenn sie der Menschenmörder* traf
und beide* großes Unglück nur erleiden.

218
Als vor der Niederkunft ich ging hinaus,
sah ich den Ehegatten tot am Weg, –
und als ich dann das Kind geboren hatte,
ging ich ins eig'ne Haus nicht mehr zurück.

219
Zwei Kinder starben mir und auch der Mann:
am Weg der Tote einer armen Frau, –
und Mutter, Vater und auch Bruder,
sie brennen schon auf einem Scheiterhaufen.

220
O du Familienlose, Arme, du!
Erlitten hast du unermeßlich Leiden!
Dir flossen Tränen fort und fort
durch viele tausende Geburten!

221
Ich sah dich in dem Leichenfeld,
dann auch verzehrtes* Kinderfleisch, –
fern der Familie, nur noch tadelnswert,
als Witwe ich zum Todlosen gelangte.

222
Entfaltet ist der edle Weg,
achtgliedrig, der zum Todlos führt, –
Nibbânam habe ich verwirklicht,
den Dhammaspiegel sah ich an:

223
Ich bin vom Pfeile nun entschnitten,
die Last ist endlich abgelegt,
getan ist, was zu tun ich hatte. –
Die Kisâgotamî, schon Therî,
im Herzen ganz befreit, dies sprach.

UPPALAVANNÂ
(die Lotosfarbige)*

224
Sie beide, Mutter und auch Tochter,
sie waren meine Nebenfrauen, –
das war mir tief Ergriffensein,
ein seltsam starkes Haaresträuben.

225
O Schande über schmutz'ge Lüste,
sie riechen schlecht, sind voller Dornen,
wenn Mutter da und Tochter auch
zu meinen Nebenfrauen wurden!

226
Als bei den Lüsten Not ich sah,
und im Verzicht den festen Frieden,
zog ich aus Râjagaho aus,
vom Haus in die Hauslosigkeit.

227
Den alten Aufenthalt ich weiß,
das Himmelsauge ist geklärt, –
Rundum-Erkenntnis hab' ich nun,
der Hörbereich ist auch geklärt.

228
Die hohen Kräfte sind verwirklicht,*
erlangt hab' ich das Einfluß-Ende:
sechs tiefe Wissen* sind verwirklicht,
getan des Buddho Weisung ist.

AMBAPÂLÎ
(Mangobaumhüterin)*

252
Glänzend schwarz und samt'ner Bienenfarbe gleich,
lange Locken fielen mir vom Kopf herab, –
durch das Alter sind sie Hanf und Borke gleich:
Wahrheit sprechend echtes Wort, es ist nicht anders.

253
Duftend wie ein rundum gut gefüllter Korb,
steckten Blüten über Blüten mir im Haar, –
durch das Alter riechen sie nach Hasenhaar:
Wahrheit sprechend echtes Wort, es ist nicht anders.

254
Wie Gebüsch, das dicht bepflanzt, beschnitten ist,
war'n mit Kamm und Nadeln sie so reich geschmückt, –
durch das Alter sind die Haare dünn geworden:
Wahrheit sprechend echtes Wort, es ist nicht anders.

255
Duftend zart und reich mit dunklem Gold geschmückt,
schön sie waren, meine schmuck geflocht'nen Zöpfe, –
durch das Alter ist nun kahl der Kopf geworden:
Wahrheit sprechend echtes Wort, es ist nicht anders.

256
Wie von einem Maler kunstvoll nachgezogen,
schön sie waren früher, meine Augenbrauen, –
durch das Alter hängen tief sie in den Runzeln:
Wahrheit sprechend echtes Wort, es ist nicht anders.

257
Glänzend, leuchtend, wie ein seltenes Juwel,
meine Augen waren dunkelschwarz und lang, -
durch das Alter sind sie nun geschlagen, trübe:
Wahrheit sprechend echtes Wort, es ist nicht anders.

258
Sanft geschwungen ragte meine Nase vor,
schön war sie in meiner vollen Jugendzeit, -
durch das Alter gleicht sie ausgespülter Flußbank:
Wahrheit sprechend echtes Wort, es ist nicht anders.

259
Wie ein Armband, kunstvoll ausgeführt, geschmiedet,
schön sie waren, diese Linien meiner Ohren, -
durch das Alter hängen tief sie in den Runzeln:
Wahrheit sprechend echtes Wort, es ist nicht anders.

260
Kleinen Pisangknospen in der Farbe gleich,
schön sie waren früher, meine blanken Zähne, -
durch das Alter sind sie ausgebrochen, gelb:
Wahrheit sprechend echtes Wort, es ist nicht anders.

261
In der Lichtung eines Waldgehölzes ging ich,
wie der Kuckuck hab' ich flötensüß gesungen, -
durch das Alter krächz' ich nur noch dann und wann:
Wahrheit sprechend echtes Wort, es ist nicht anders.

262
Sanfter Muschel gleich gebogen, blank gerieben,
schön war früher auch mein Nacken, wie er glänzte, -
durch das Alter ist gebrochen er, zerstört:
Wahrheit sprechend echtes Wort, es ist nicht anders.

263
Frei sie kreisten wie ein Riegelholz, sie beide,
schön sie waren, meine Arme früher, -
durch das Alter sind sie schlapp, gleich der Trompetenblume:
Wahrheit sprechend echtes Wort, es ist nicht anders.

264
Feine Ringe, ganz aus Gold, sie schmückten einmal,
schön sie waren, meine beiden Hände früher, -
durch das Alter sind sie nun wie Wurzeln zum Verkauf:
Wahrheit sprechend echtes Wort, es ist nicht anders.

265
Lust erregend fest, sie standen beide hoch,
schön sie waren, meine beiden Brüstchen früher, -
trock'ne Beutel sind sie, ohne Wasser jetzt:
Wahrheit sprechend echtes Wort, es ist nicht anders.

266
Wie ein flaches Stück, aus feinstem Gold poliert,
schön war er, mein glatter Körper früher, -
der ist nun mit feinen Fältchen überdeckt:
Wahrheit sprechend echtes Wort, es ist nicht anders.

267
Starkem Schlangenleibe waren beide gleich,
schön sie waren, meine Schenkel früher, -
durch das Alter sind sie nun wie Bambusrohre:
Wahrheit sprechend echtes Wort, es ist nicht anders.

268
Meine Knöchel schmückten feine, gold'ne Spangen,
schön sie waren, meine Beine früher, -
durch das Alter sind sie nun wie Sesamhalme:
Wahrheit sprechend echtes Wort, es ist nicht anders.

269
Wie gefüllt mit Baumwolle sie beide waren,
schön sie waren, meine Füße früher, -
durch das Alter sind sie krumm, verschrumpelt:
Wahrheit sprechend echtes Wort, es ist nicht anders.

270
Solcher Art war dieser ganze Körperhaufen,
altersschwach ist er ein Haus nur voller Leiden, -
abgebröckelt ist der Putz vom alten Haus:
Wahrheit sprechend echtes Wort, es ist nicht anders.

ROHINĪ
(rote Kuh)

271

Vater: „Asketen!" So machst du mir klar!
„Asketen!" Dabei wirst du wach!
Nur den Asketen sprichst du Lob!
Asketin wirst nun selber werden!

272

Zu essen und zu trinken reichlich
an die Asketen du verschenkst, –
o Rohinî, ich frag' dich jetzt:
wodurch sind dir Asketen lieb?

273

Das Nichtstun lieben sie, sind faul,
von and'rer Gaben leben sie, –
sie jagen nur nach süßen Freuden:
wodurch sind dir Asketen lieb?

274

Tochter: Schon lange du mich, wahrlich, Vater,
nach den Asketen so befragst.
Ich werde dir erzählen nun
von ihrem Weisheit-Tugend-Streben.

275

Das Tun sie lieben, sind nicht faul,
sind besten Werkes Tuer nur:
die Gier, den Haß sie geben auf,
dadurch sind mir Asketen lieb.

276
Die dreifach Wurzeln alles Schlechten*
vernichten sie, die Reines tun,
bis alles Schlechte aufgegeben:
dadurch sind mir Asketen lieb.

277
Das Körperwerk ist ihnen rein,
das Redewerk auch ebenso,
das Geisteswerk ist ihnen rein:
dadurch sind mir Asketen lieb.

278
So fleckenlos wie das Perlmutt
sind rein sie, innen so wie außen,
voll sind sie von den hellen Lehren:
dadurch sind mir Asketen lieb.

279
Sie hörten viel, sind Dhammaträger,
sind edel, die den Dhammo leben,
den Sinn sie und den Dhammo weisen:
dadurch sind mir Asketen lieb.

280
Sie hörten viel, sind Dhammaträger,
sind edel, die den Dhammo lieben,
ihr Geist einspitzig, achtsam stets:
dadurch sind mir Asketen lieb.

281
Sie gehen weit und achtsam stets,
die Texte sprechend unverwirrt,
des Leidens Ende sie verstehen:
dadurch sind mir Asketen lieb.

282
Durch welches Dorf sie wandern auch,
sie sehen keinen irgend an,
frei von Verlangen gehen sie:
dadurch sind mir Asketen lieb.

283
Und nicht den Bauch sie füllen sich,
nicht ihren Topf, nicht ihr Gefäß,
Vollkommenheit erstreben sie:
dadurch sind mir Asketen lieb.

284
Sie greifen nicht nach blankem Gold,
auch nicht nach Geld und nicht nach Silber,
was da auch kommt, sie lassen's gehen:
dadurch sind mir Asketen lieb.

285
Sie zogen fort aus vielen Stämmen,
aus vielen Ländern auch sogar,
sind sich in Liebe zugetan:
dadurch sind mir Asketen lieb.

286
Vater: Zum Wohle, wahrlich, du Verehrte,
           bist du uns, Rohinî, geboren, -
           vertraust dem Buddho und dem Dhammo,
           dem Sangho auch, verehrst sie ernst.

287
           Du hast begriffen dieses ganz:
           Verdienstfeld, nicht zu übertreffen.
           Und auch von mir nun die Asketen
           bekommen eine gute Gabe:
           hier ist das Opfer aufgebaut,
           ein großes wird es für uns sein.

288
Tochter: Wenn du dich fürchtest vor dem Leiden,
           wenn dir das Leiden gar nicht lieb,
           so geh' zum Buddho, deiner Zuflucht,
           zum Dhammo und zum Sangho einzig,
           versammle deine Tugenden,
           das wird zum Wohle dir nur sein!

289
Vater: Ich geh' zum Buddho, meiner Zuflucht,
           zum Dhammo und zum Sangho einzig,
           versammle meine Tugenden,
           das wird zum Wohle mir nur sein.

290
           Brahmaverwandter war ich früher,
           jetzt bin ich wirklich ein Brahmane, -
           Dreiwissensmeister bin ich nun,
           ich hab' erkannt, bin Bademeister.*

CÂPÂ
(die Schwankende)*

291
Kâlo: Trug einen Stock einst in der Hand,
jetzt bin ein Wildtierjäger ich, –
durch meine Gier, aus schlimmem Sumpf
ich konnte nicht hinübergeh'n.*

292
Sie dachte, mich ganz stolz zu machen,
die Câpâ, die den Sohn mir schenkte, –
zu Câpâ schnitt das Band ich ab,
werd' aus dem Haus von neuem zieh'n.

293
Câpâ: Nicht sei mir böse, großer Held!
Nicht sei mir böse, großer Muni!
Nicht gibt es für den Zornerregten
das Reinsein, woher heißes Streben!

294
Kâlo: Ich werde fort aus Nâlâ gehen,
wer wird in Nâlâ wohnen noch?
Sie fesseln dort mit Weibsgestalt
Asketen, die den Dhammo leben.

295
Câpâ: Ach, komm doch, Kâlo, komm zurück!
Genieß' die Lüste wie zuvor!
Ich will dir unterworfen sein
mit allen, die Verwandte sind!

296
Kâlo: Von diesem nur der vierte Teil,
wie du es sagst, du gute Câpâ:
für einen tief erregten Mann
mag das erhebend wahrlich sein.

297

Câpâ: Ach, Kâlo, wie ein Feuer die Akazie
dort auf dem Bergesgipfel blüht, –
wie eine Windenranke blüht
auf einer Insel die Trompetenblume, –

298

mit Sandelöl ganz eingerieben,
Benaresseide hüllt mich ein:
die ich so strahlend schön jetzt bin,
willst du verlassen, gehst nun fort?

299

Kâlo: Der Vogelfänger seinen Vogel,
wie er ihn doch zu fesseln wünscht!
Mit deiner fesselnden Gestalt
nicht mich wirst du herunterdrücken.

300

Câpâ: Und diese meine Sohnesfrucht
hab', Kâlo, ich für dich gebracht, –
und mich, die gute Sohnesmutter,
willst du verlassen, gehst nun fort?

301

Kâlo: Die Weisen lassen ihre Söhne,
Verwandte auch und den Besitz,
es ziehen fort die großen Helden,
wie Elefant sein Seil zerreißt.

302

Câpâ: Und wenn ich dir jetzt diesen Sohn
mit einem Stock und Messer gar
zu Boden niederschlagen würde:
um Sohnestrauer gehst du nicht!

303

Kâlo: Wenn du den Sohn Schakalen auch
und wilden Hunden übergäbst,
nicht mich, du üble Sohnesmacherin,
wirst wieder du zur Umkehr bringen.

304

Câpâ: Nun denn, so sei das Glück mit dir!
Wohin nun, Kâlo, wirst du geh'n?
In welches Dorf? In welche Stadt?
In welche Zentren? Königsstädte?

305

Kâlo: Wir scharten früher um uns Schüler,
als Nichtasketen hielten für Asketen uns,
von Dorf zu Dorf wir zogen hin,
von einem Ort zur Königsstadt.

306

Doch der Erhabene, der Buddho,
ganz nah am Fluß Neranjarâ,
um alles Leiden aufzugeben,
den Dhammo wies er auf den Wesen, –
ich gehe jetzt in seine Nähe,
er wird für mich der Lehrer sein.

307

Câpâ: Den Gruß nun mögest du ihm sagen,
dem Weltenschützer höchster Art,
hast du ihn rechts herum umgangen,
magst du ihm eine Gabe weih'n.

308

Kâlo: Das wird uns nun wohl möglich sein,
so wie du es gesagt, o Câpâ:
den Gruß werd' ich für dich jetzt sagen
dem Weltenschützer höchster Art,
hab' ich ihn rechts herum umgangen,
werd' ich ihm eine Gabe weih'n.

309
Und Kâlo ging von da nun fort,
ganz nah zum Fluß Neranjarâ,
erblickte dort den ganz Erwachten,
wie er aufwies den Todlospfad.

310
Das Leiden und das Leidentstehen,
des Leidens Überwindung auch,
den edelen Achtgliederweg,
der hin zur Leidensruhe führt.

311
Er fiel zu seinen Füßen nieder
und ging um ihn dann rechts herum, –
gab' ihm der Câpâ Gabe hin,
zog fort in die Hauslosigkeit. –
Drei Wissen sind von ihm erlangt:
getan des Buddho Weisung ist.

SUNDARÎ
(die Schöne)

312

Sujâto: O Herrin, deine toten Kinder,
verschlungen haben sie dich früher,
du hast bei Tag und auch bei Nacht
dich übermäßig stark betrübt.

313

Sie alle sind heut' schon verschlungen,
die sieben Kinder, du Brahmanin, –
Vâsetthâ, welches ist der Grund,
daß du dich nicht mehr stark betrübst?

314

Sundarî: So viele hundert Kinder schon,
Verwandtenscharen hunderte,
hat die Vergangenheit verschlungen:
wie mir, so dir, Brahmane, du.

315

Den Ausweg hab' ich jetzt erkannt,
aus der Geburt und aus dem Tod:
Nicht klage ich, nicht weine ich,
nicht mehr betrübe ich mich sehr.

316

Sûjâto: Wie wunderbar wohl, o Vâsetthâ,
ist dieses Wort, das du da sprichst!
Sag, wessen Lehre du erkannt,
daß du so großes Wort aussprichst.

317

Sundarî: Es ist, Brahmane, der Erwachte, –
ganz nah dem Städtchen Mithilâ,
um aufzugeben alles Leiden,
die Lehre zeigt er auf den Wesen.

318
Von ihm, Brahmane, dem Geheilten,
die Lehre hört' ich, frei von Wünschen,
dort hab' erkannt ich rechte Lehre,
den Kindeskummer trieb ich fort.

Sundarî:
(zumBuddho)

334
Sieh Sundarî, die näherkommt,
die ganz befreit, frei von Verlangen,
die frei von Reiz und ganz entjocht,
die tat die Pflicht, von Einfluß frei.

335
Benares habe ich verlassen,
in Deine Nähe bin gekommen,
zu hören Dich, o großer Held:
zu Füßen ehrt Dich Sundarî.

336
Du bist der Buddho, Du der Lehrer,
bin Deine Tochter nun, Brahmane!
Aus Deiner Brust, dem Mund geboren,
tat ich die Pflicht, von Einfluß frei.

Der Buddho:

337
Willkommen seist du, Glückliche,
Du bist nur recht hier angekommen:
So kommen die Gezähmten an,
des Lehrers Füße ehren sie,
die frei von Reiz und ganz entjocht,
getan die Pflicht, von Einfluß frei.

SUBHÂ
(die Strahlende)*

338
Als junges Mädchen, rein gekleidet,
die Lehre hörte ich schon früher, -
und mir, die ich nicht lässig war,
Wahrheitsverständnis ging da auf.

339
Da kam mir bei den Sinneslüsten
die Unlust wie vorm Schmuckstück an:
Das Ichsein sah ich voller Furcht,
ersehnte nur Entsagung noch.

340
Verwandtenschar hab' ich verlassen,
die Sklaven und die Arbeiter,
die reichen Felder meines Dorfes,
die schönen, die ich so genossen, -
hinausgezogen gab ich auf
Besitz, der nicht gering zu schätzen.

341
So zog ich aus Vertrauen fort,
war im Saddhammo gut bewandert, -
nicht passend wär' es da für mich,
die sich nach gar nichts weiter sehnt
und alles Gold und alles Silber
gelassen hat, zurückzukehren.

358
Gefahren endlos sind die Lüste,
ein einzig Leiden, einzig Gift,
gering an Süße, Gram nur machend,
die helle Hälfte trocknend aus.*

359
Ich habe alles dies erfahren,
das Unglück, sinnenlustbedingt:
nicht werd' ich dorthin wieder geh'n,
bin am Nibbânam stets erfreut.

360
Hab' Lüsten nun den Kampf erklärt,
nur kühl zu werden, wünsche ich,
nicht lässig werd' ich weiter bleiben,
bis ihre Fesseln sind gefallen.

361
Den sorgen-, fleckenfreien, stillen,
achtgliedrigen, der gerade ist:
den Weg ich gehe nun entlang,
den Weise überschritten haben.

362
Seht nun die Lehre, ihren Sinn,
seht Subhâ an, des Goldschmieds Tochter:
sie wurde ganz von Fehlern frei,
vertieft sich unter Baumeswurzel.

363
Heut' ist der achte Tag des Auszugs,
den Dhammo schmück' ich mit Vertrau'n, –
gut zügelte Uppalavannâ:
ich hab' Dreiwissen, ließ den Tod.

364
Befreite Sklavin bin ich, ohne Schuld,
bin Bhikkhunî mit Fähigkeiten:*
von allen Jochen bin ich frei,
tat, was zu tun, bin einflußfrei.

365
Und Sakko* mit der Götterschar
kam da mit inn'rer Macht heran:
es ehrte da der Herr der Wesen
die Subhâ, eines Goldschmieds Tochter.

SUBHÂ
(die Schöne)*

366

Im schönen Mangohain von Jîvako
Subhâ, die Bhikkhunî, dort ging, –
da hielt ein Weiberheld sie auf.
Denselben sprach nun Subhâ an:

367

Subhâ:

Warum verfehlst du dich an mir,
daß du, mich hindernd, vor mir stehst?
Für eine, die hinauszog, Freund,
Kontakt zu einem Manne schickt sich nicht.

368

In ernster Weisung meines Lehrers
hab' ich geübt, was aufgezeigt vom Sugato:
den Reinheitsweg so frei von allen Flecken, –
was stehst du, mich nur hindernd, da vor mir?

369

Der tief Verstörte vor der Unverstörten,
der ganz Befleckte vor der Flecken-Makellosen,
die überall im Geiste frei:
Was stehst du, mich nur hindernd, da vor mir?

370

Weiberheld:

Wie jung bist du und voller Unschuld,
was wird dir das Hinausziehn tun?
Leg' ab die gelbe Robe doch!
Komm', laß uns aneinander freu'n im Blütenwald!

371

Süß wehen Düfte überall,
mit Blütenstaub die Bäume sind bedeckt:
der erste Frühling, angenehme Zeit!
Komm, laß uns aneinander freu'n im Blütenwald!

372
Die Knospen brechen auf an allen Bäumen,
sie rauschen kräftig, von dem Wind bewegt:
ach, welche Freude wirst du da erfahren,
wenn du a l l e i n wirst in den Wald eintauchen?

380
Subhâ: Was siehst du hier als Kernholz an?
Voll Leichen ist das, Leichenplatzvermehrung!
Zerbrechen muß doch dieser Körper,
den du erblickt und nun verblendet siehst!

381
Weiberheld: Die Augen sie sind ähnlich einem Reh,
dem kleinen Vogel ähnlich im Gebirge:
seit ich in deine schönen Augen sah,
wächst mehr und mehr die Sinnenfreude.

384
Subhâ: Auf falschem Weg wünschst du zu geh'n,
den Mond suchst du als Spielzeug dir,
über den Meru* wünschst zu springen,
der du der Buddhatochter folgst.

389
Ich bin die Schülerin des Sugato
und fahr den Wagen den Achtgliederweg, –
den Pfeil zog ich heraus, von Einfluß frei,
ging in die Häuserleere ein, erfreue mich.

390
Erkannt hab' ich die schön bemalte Puppe,
aus frischem Holze neu geschnitzt,
mit vielen Schnüren, vielen Stöcken
zusammen festgebunden, um zu tanzen.

394
Du hast nur eine Täuschung hochgeschätzt,
wie gold'nen Baum in einem schönen Traum.
Du Blinder rennst nur Leerem hinterher,
siehst unter Menschen eine Schwindelschau.

395
Wie eine Kugel auf den Berg gelegt,
die Iris in der Mitte, voller Tränen,
und Augenschleim entsteht hier immer neu:
vielfältig ist die Augenart geballt.

396
Sie riß es aus, das so schön anzuseh'n,
sie gab es hin, hielt nichts im Geiste fest:
„Wohlan, nun nimm dein Auge endlich mit!"
So gab sie es dem Mann für alle Zeiten.

397
Dem schwand dahin für alle Zeit der Reiz,
bat auf der Stelle um Verzeihung sie:
„Das Heil sei dir, du Brahmalebende!
Nicht wieder Gleiches wird dir noch gescheh'n!

398
Geschlagen hast du solchen Menschen,
wie brennend Feuer ihn umarmt, -
werd' ich nach einer Schlange greifen?
Heil sei dir weiter! Und verzeihe uns!"

399
Befreit war da die Bhikkhunî
und ging zum Buddhabesten hin, -
als sie das Zeichen* des verdienstvoll Besten sah,
ihr Auge war so, wie es früher war.

SUMEDHÂ
(die gute Weise)*

450

Nur am Nibbânam bin ich froh,
nicht ewig ist, was da geworden, auch nicht das Göttliche,
um wieviel aber mehr die leeren Sinnenfreuden,
die so gering an Süße und so reich an Qual!

451

Scharf sind die Sinnenlüste, schlangengleich,
nur Toren sind berauscht von ihnen,
sind lange Zeit der Hölle ausgeliefert,
die Leidenden, sie werden dort geschlagen.

459

Bei dem Erscheinen der Erwachten
ist falsche Zeit verlassen, ist rechte Zeit erlangt, -
die Sîlas und das Brahmaleben
mag lebenslang ich nicht verletzen.

466

Was soll mir dieser Körper, faulend, unrein,
voll fürchterlichen Giftgeruchs,
der Leichnam, dieser Hautsack voller Aas,
der Leib, aus dem nur immer Unreines gesickert!

467

Was soll mir, die ich da verstehe,
der ekelhafte, fleisch- und blutbeschmierte,
der Wohnort für den Würmerclan, die Geiernahrung?
Wem wird denn dieser Körper da gegeben?

468
Nicht lang' mehr, wird er auf den Leichenplatz getragen,
der Körper, der dann nicht mehr fühlt,
wird weggeworfen wie ein grober Klotz
von den entsetzten, eigenen Verwandten.

469
Gelassen auf dem Leichenplatz als Andrer Nahrung,*
sie waschen ihn mit Abscheu und Entsetzen,
die eig'nen Eltern sind entsetzt,
wie erst das ganze allgemeine Volk!

477
Und die erlangten da nun das Nibbânam,
ans Wort gebunden dessen, der zehn Kräfte* hat,
ganz unbetroffen sie vereinen sich,
Geburt und Tod nun endlich aufzugeben.

489
Beständig nicht, nur wechselnd sind die Lüste,
sind voller Leiden, wie ein starkes Gift,
wie Eisenkugel sind sie, die da glüht,
die Wurzel aller Not, sind Leidensfrucht.

490
Baumfrüchten gleich die Sinnenlüste sind,
Fleischfetzen gleich, die Leiden bringen nur, -*
den Träumen gleich, sie täuschen etwas vor,
die Sinnenlüste sind gleichsam gelieh'nes Gut.

491
Dem Schwerterzaune gleich sind Sinnenlüste,
sind Krankheit, Schwäre, Not, Verwirrung,
sie sind der heißen Kohlengrube ähnlich,
sind Wurzel aller Not, sind Furcht und Töten.

495
„Lang ist der Toren Weltenlauf
und immer wieder wird geweint
ohn' Anfang, ohne Ende bei des Vaters Tod,
beim Mord des Bruders und beim Mord des Selbsts.

496
Ach, Träne, Muttermilch und Blut:
ohn' Anfang, ohne Ende lauft ihr im Samsâro!
Erinnert euch an das Durchwandertsein der Wesen
und daran, wie die Knochen sich gehäuft!

497
Erinnert euch an die vier Ozeane,
die Tränen, Muttermilch und Blut gefüllt!
Erinnert euch an dieses Weltzeitalter
der Knochenhaufen, dem Vepullo* gleich!

506
Wenn es Befreiung doch nun einmal gibt,
was soll da bei den Lüsten Todesfessel?
In allen Lüsten sitzt die Todesfessel!
Wer Lüste liebt, fällt immer nur in Leiden.

508
Auch nicht um allerkleinstes Sinnenglück
gib auf das weite, weite Innenglück!
Nicht wie ein Fisch verschluck' den Angelhaken!
Du wirst danach brutal nur abgeschlachtet!

511
Da es das Alterslose nun mal gibt,
was sollen da die Lüste, die nur altern?
Von Tod und Krankheit sind ergriffen
Geburten alle und allüberall!

512
Dies ist das Alterslose, dies das Todlose,
dies ist der Weg des Alters-Todeslosen, frei von Kummer:
der ohne Feinde, unbedrängte,
der ungestörte, ohne Furcht und Qual!

513
Erreicht ist das Todlose schon von Vielen,
und heute noch ist's zu erlangen:
wer sich bis auf den Grund verjocht,
der kann an keinen Stolz sich binden mehr."

522
So sie berichten, die da wohl vertrauen,
das Wort des allerhöchsten Weisen, –
sie wenden sich vom Werdensstrome ab,
und abgewendet, lösen sie sich los!

Erläuterung

der

Pāliwörter

Erklärung und Erläuterung der Pāli-Wörter, die unübersetzt geblieben sind, und einiger zentraler Begriffe aus der Buddha- lehre:

Der Wechsel von o und a am Ende von Pāli-Wörtern bezieht sich auf den Wortstamm (a) und die Nominativform des Wortes (o) bei männlichen Wörtern, die weiblichen Wörter enden meist auf langes *ā* oder langes *ī*.

Bei zusammengesetzten Wörtern wird die Stammform benutzt. Steht das Wort für sich im ersten Fall, wird die Deklinations-Endung genommen.

Also heißt es korrekt: der Buddho und die Buddha-Lehre.
Heißt es: der Dhammo und die Dhamma-Teile.

Für die sächlichen Wörter gilt das gleiche: der erste Fall endet auf "am", die Stammform bleibt *a*.
Also: das Nibbānam und das Nibbāna-Glück.

Übersicht über die erläuterten Pālibegriffe:

Buddho

Nominativ-Form des Wortes, das "erwacht" heißt. Der Buddho ist also "der Erwachte". Der aus dem Lebenswahnsinnstraum Erwachte. Sein Familienname ist Gotamo, sein Vorname Siddhattho, was von den Wortwurzeln her bedeutet: einer, der seine Aufgabe vollendet hat, einer, der seinen Zweck erfüllt hat.

Im Mai des Jahres 563 v. Chr. wurde er geboren. Er starb im Jahre 483 v. Chr. im Alter von 80 Jahren.

Dhammo

Das umfassendste Wort im Pāli, das Kernwort in der Urlehre des Buddho. Es ist durch ein einziges deutsches Wort nicht zu übertragen. Ganze Bedeutungsreihen schwingen immer in diesem Wort mit. Wilhelm Geiger hat vor etwa 75 Jahren 120 Seiten gebraucht, um das Wort Dhammo in allen seinen philosophischen Aspekten und Anwendungen zu erläutern.

Etymologisch leitet sich das Wort von der Wurzel ab, die "halten, tragen" bedeutet, also das, was eine Sache oder ein Ding ausmacht. (Verwandt mit dem griechischen "Thronos", Thron).

Es ist also das Feststehende, Gesetzmäßige (in der ganzen Natur, aber auch im Geistigen - wenn das überhaupt im tiefsten Grunde "Gegensätze" sind).

Es ist das Gesetz des Werdens und Vergehens,
das Gesetz von Ursache und Wirkung,
das Gesetz von einer leidfreien Lebensbewältigung,
das Buddha-Gesetz, die Buddha-Lehre.

Dann das Gesetz, das sich Menschen gegeben haben, um einigermaßen vernünftig miteinander leben zu können, also: Regel, Vorschrift, Gebot, Pflicht.

Als Sittengesetz: das rechtmäßige, tugendhafte, gute Verhalten.

Ein Dhammo ist aber auch ein Objekt unserer Vorstellung, eine Idee, ein geistiges Phänomen. Der Geist geht mit seinen Gedanken, mit seinen Dhammas, um. Was wir sehen, spiegelt sich im Geist.

Ein Dhammo allgemein kann jede geistige Einstellung, Philosophie, Lehre sein. Auch die Lehren anderer Religionen sind Dhammas.

Der Buddha-Dhammo setzt sich von diesen Lehren ab. Er gilt als der eigentliche, wesentliche, bis an das Ende der "Dinge" führende Dhammo: Saddhammo.

Der Buddho hat mit seinem Saddhammo das Gesetz des Universums verstanden und erklärt, des Universums, das in diesem knapp zwei Meter großen Körper enthalten ist. Der Saddhammo verbeweglicht und vergeistigt sozusagen das "Universum des Lebens". Er zeigt den Weg, wie man von diesem "Universum" freiwerden kann.

Das Dhamma-Auge sieht nach der Belehrung durch einen Buddho mehr als das körperliche Auge, es sieht durch die Dinge hindurch auf einen Ruhepunkt.

Im Sinne der universalen Gesetzmäßigkeit tritt der Dhammo (das Gesetz) schließlich auch an die Stelle des Brahmā , des als allgewaltig vorgestellten "Gottes"- Prinzips, das vom Gesetz des Entstehens und Vergehens nicht ausgenommen ist. Der Buddho, der alles belehrt, nie bekehrt, "belehrt" auch den höchsten "Gott" darüber, daß er im Irrtum sei, unvergänglich zu sein und ewig zu bestehen.

Dieses vom Buddho "entdeckte" und gelehrte dynamische Prinzip aller Phänomene im Kosmos, (in dem außen und innen zusammenfallen), vom triebhaften und triebfreien Gedanken bis zum Entstehen und Vergehen von Milchstraßen, ist Anlaß zur verehrenden Haltung auch für einen "Erwachten", für einen Buddho.

Er hat den Weg gefunden, aus dem Wirbel der Weltdynamik herauszutreten und in sich selbst zur Ruhe zu kommen.

Nibbānam ist nichts als "Glück der Stille", höchstes Glück, das Menschen möglich ist. Im Glück der Stille gibt es keine Dhammas mehr. (Gedankenstille).

Sangho

Eigentlich: umfassend, einschließend. Große Zahl, Menge. Versammlung, Vereinigung, Gemeinschaft, Zusammenschluß. Der Sangha (Stammform).
Der buddhistische Mönchs- und Nonnenorden.

Thero

Der Ältere, der Alte (vielleicht auch "der Starke"). Bezeichnung für einen Mönch im Buddha-Orden, der mindestens seit zehn Jahren ordiniert ist.
Davon: Theravādo - die Lehre der Alten, d.h. die ursprüngliche Lehre des Buddho, wie sie in den Pāli-Schriften später niedergelegt wurde. (Auf Palmblätter eingeritzt und in Körben aufbewahrt).

Therī

Die Ältere, die Alte, - im selben Sinne.

Gāthā

Vers, Stanze, Strophe, Verszeile - Vier Halbzeilen - vierfüßige. Von gāyati - singen, vortragen, rezitieren. Mehrzahl auch: Gāthā

Araham

Vorbuddhistisch: "Euer Ehren! ". Buddhistisch: Der, welcher Verehrung verdient, der Verehrungswürdige, weil er das Höchste erreicht hat, was ein Mensch erreichen kann: Freiheit von Lebenssucht, Freiheit von körperlichen und geistigen Trieben, Freiheit von Gottes- und Göttersucht. Er ist "im Glück der Stille geheilt", mit unseren sprachlichen Begriffen nicht mehr faßbar.

Arahā

Die weibliche Form von Araham.

Bhikkhu

Leitet sich von dem Wort für "erbettelte Nahrung" ab. Also ein Almosen-empfänger, ein Bettelmönch.

Bhikkunī

Eine Bettelnonne.

Tathāgato

Mehrzahl verdeutscht: Tathāgatas.
Die Ableitung ist unsicher. Beiname für einen Araham. Wörtlich: der So-Gegangene (der das Mögliche verwirklicht hat) oder: einer, der bis zur Wahrheit (tatham - das So-ist-Es) Vorgedrungene, Gelangte. Häufigstes Beiwort für den Buddho, mit dem er sich auch selbst benennt, wenn er von sich in der 3. Person spricht. Wird oft mit "der Vollendete" übersetzt.

Brahma

Der höchste "Gott", Herr aller Götter des vorbuddhistischen Indiens. Wörtlich: der Hohe, Starke, Erhabene. Der Schöpfer des Universums, welche Vorstellung im Buddhismus abgelehnt wird. In der buddhistischen Selbstreflexion wird Brahma zum inneren Zustand eines brahma-artigen "Gottes" oder der Vorstellung von einem solchen "Gott": vollkommenes Freisein von allen Sinneswünschen und triebhaften Bedrängungen, stilles Ruhen in sich selbst, ohne eine "auseinandergefaltete" Welt wahrzunehmen. In den Vertiefungsübungen kann man zunächst nur kurzzeitig, später immer mehr "zu Brahma werden".

Brahmane

Der Priester des höchsten "Gottes", welcher den alten Opferkult mit seinen magischen Wortformeln beherrschte, den der Buddho als sinnlos ablehnte und abzuschaffen versuchte. Der Brahmane ist der Vertreter der höchsten Kaste der vedischen und hinduistischen Religion. Dieser "Beruf" wird vom Buddha völlig neu gefaßt, indem er ihm den Araham gegenüberstellt. Den in seinem Sinne nun überhöhten Begriff behält er aber großzügig bei und erklärt auch den schon als "Brahmanen", der auf dem Weg zur vollkommenen Befreiung im Sinne der Buddha-Lehre ist.

Brahmaleben

Ist in buddhistischer Version das Leben und Streben, das Herz und Geist zu einem Brahma werden läßt, indem alles Abhängige, Wandelbare, Zwiegespaltene überstiegen wird. Ein Brahma "lebt" einsam für sich, führt keine Ehe, ist kein Geschlechtswesen. Also gehört zum Brahmaleben der Verzicht auf geschlechtliche Befriedigung, d.h. Aufnehmen des höchst idealen Kampfes zwischen Natur und Geist. Doch lehnt der Buddho die alteingefahrene Schmerzensaskese mit ihren grotesken Entartungen ab und lehrt den mittleren Weg: Weder äußerster Schmerz noch äußerste Lust. Dieser Weg betont das wachsende innere Wohlbefinden, das den Verzicht auf die uns so liebgewordenen Sinnesfreuden allmählich immer leichter macht. Der Buddho will nichts gewaltsam abschneiden, sondern empfiehlt Transformation in Besseres, Feineres, immer weniger Leid Verursachendes.

Sati

Die Er-inne-rung, - das, was innen etwas wachruft, - die Gedächtniskraft, - die von innen her geleitete Beobachtung, - das achtsame Aufmerken auf das, was geschieht.

Es gibt eine rechte und eine falsche Sati. Die rechte Sati "erinnert" sich stets spontan an das Ziel der Buddha-Lehre. Ihr genügt da oft ein Wortzeichen, um den gesamten Dhammaklang zu vernehmen:

> Alles, was da entstanden ist,
> muß wieder vergehen.

Das führt zur Distanz, zur Lockerung der ICH-Verflochtenheit.

Die Sati muß immer wieder wachgerufen werden, sie wird leicht vergessen. Alles was im Alltag geschieht, kann einer aufmerksamen Beobachtung unterworfen werden. Vor allem müssen wir die Antworten in uns selbst erkennen.

Sati ist eine Wach- und Schutzfunktion in uns - sie weist Schlechtes ab und lädt Gutes ein.

Die Sati beschützt einen selbst und beschützt andere.

Mit der Sati üben wir, alle unsere Gedanken, Worte und Taten zu erkennen und zu beherrschen und sie in die Bahn der Leidbefreiung zu lenken.

Mit der Sati dringen wir in die verborgensten Winkel unseres Herzens ein und räumen dort auf.

Mit der Sati gewinnen wir einen unerschütterlichen Standpunkt, von dem aus wir zum Höchsten gelangen können.

Die Sati ist das erste der sieben Erwachungsglieder. Wer sich auf sie einläßt, erfährt etwas von dem Geheimnis der Buddha-Lehre, von der es heißt, sie sei auf allen ihren Stufen, am Anfang, in der Mitte und am Ende schön und beglückend.

Weltenlauf, Geburtenkreis

Saṃsāro - das Kommen und Gehen der Wesen - Geborenwerden und Sterben.

Auch die altindische Seelenwanderungslehre wird vom Buddho völlig neu gefaßt. Auch hier das Wandern von Form zu Form, aber nicht als "Kraft an sich", als "ewige" Seelensubstanz, sondern als bewegliche Tendenz, als Sucht. Wo bisher der ATMAN (Attā) in erhabener Sich-Selbst-Gleichheit seine Bahn durch das ewig wechselnde Spiel der Veränderungen gezogen war, wie das Schiff durch die sprühenden Wogen, da war jetzt alles ein Brennen geworden. Jenen stillen Wanderer, der, von Ort zu Ort pilgernd, immer wieder sein neues Kleid anzieht, das lästige, erdige, - den gab es hier nicht mehr. Das Wandern war wohl da, aber kein Wanderer. Durch die intuitive Kraft des Genius hatten Wort und Begriff einen völlig neuen Inhalt bekommen.

Sich wachrufen der Tatsache LEBEN gegenüber, ein völliges Umdenken der festgefahrenen Begriffe, verlangte der Buddho von seinen Schülern. Durch seine kühle Unvoreingenommenheit und sein furchtloses Überprüfen aller damals gängigen Klischees gelang es ihm überhaupt als erstem "Wirklichkeitslehrer", dem Leben gegenüber einen gedanklichen Standpunkt einzunehmen. Weil er Wahrheit und Wirklichkeit über Leben stellte, deswegen gelang es ihm, das Leben im Begreifen zu meistern. So glich er in seiner Reinheit von aller Lebenssucht gegenüber der Vergötterung, wie sie in Indien mit dem Leben getrieben wurde, dem Lotus, der weiß und rein aus dem Sumpf unter ihm sich erhebt, obwohl er in ihm wurzelt. (Dahlke)

Der Buddho zeigt also durch sein Beispiel, wie es auch für mich möglich sein könnte, aus dem Weltenlauf herauszukommen, - wenn ich das als erstrebenswert erkannt habe. Es gibt die Möglichkeit des Entrinnens.

(Siehe auch Nibbānam).

Die drei Wissen (das Dreiwissen)

1. Ich sah die Geburtenkette, sah immer neues Entstehen und immer neues Vergehen, anfanglos. Zeit und Welt entfalteten sich, fielen wieder zusammen, entfalteten sich neu und fielen wieder zusammen. Und überall war ich schon.
2. Ich sah das Kommen und Gehen der Menschen. Ich sah sie sterben und immer wieder geboren werden: niedrig Gesinnte, hoch Gesinnte, auf gutem Wege, auf schlechtem Wege. Ich sah, wie das Handeln der Menschen mit Körper, Sprache und Geist ihre Wege bestimmte, wie sie je nach ihrer Anschauung und ihrem Denken in glücklicher, heiterer Verfassung lebten oder in leidvoller, bedrückender Enge und Not.
3. Ich sah ein Zurruhekommen dieses anfanglosen Herumwirbelns, erkannte ein Ende, ein Stillwerden aller Prozesse, ein Versiegen der aufreizenden Einflüsse. Ich begriff, was noch keiner vor mir begriffen hatte:

> Das alles ist leidvoll,
> so kommt es zum Entstehen des Leidens,
> so kommt es zum Ende des Leidens,
> das ist der Weg, der zum Ende des Leidens führt.

So werden des Buddho eigene Worte überliefert. Sie enthalten das, was mit "Erwachen" beschrieben wird. Dieses "Wissen" steht ganz im Gegensatz zum alten Dreivedenwissen der Brahmanen, die ein "höheres, geheimes Wissen weiser Männer" für sich reklamierten, vor dem der "gemeine Mann"

in Ehrfurcht zu erstarren hatte.
(Siehe auch MEIN WEG ZUM ERWACHEN, eine Autobiografie des Buddho).

Nibbānam

Ist die Pāliform des aus dem Sanskrit bekannten Nirvāna.
Es ist vieldeutig ableitbar:

1. Herausgehen aus dem Leiden
2. Ausschlagen des Feuers - Feuer löschen
3. Nicht-mehr-Wehen, Windstille
4. Das Unbewegte
5. Nicht-mehr-Wünsche, Wunschlosigkeit.

Nibbānam hat also ganz und garnichts mit "lustigen Paradiesen" zu tun, in denen sich weiter Wünsche erfüllen und seien sie noch so fein gesponnen. Das buddhistische Nibbānam hat eine ganz ungewohnte und völlig neue Prägung bekommen.

Es ist fraglos die merkwürdigste und eigenartigste frohe Botschaft, die je verkündet worden ist. Nibbānam ist Freisein von Wollen, von Verlangen, von Selbstsucht in jeder Form. Es ist nichts als ein rein relativer Begriff, der Sinn und Bedeutung erst daraus erhält, daß man Leben in jeder Form, diesseitiges wie jenseitiges, als etwas begreift, das Leiden nicht hat, sondern ist. Damit ergibt sich dieser rein relative Seligkeitsbegriff: Das Nicht-mehr-Leiden. Dieser Seligkeitsbegriff entspricht durchaus dem Begriff der Schmerzlosigkeit. Wie diese an sich nichts ist, sondern Sinn und Bedeutung erhält erst aus einem vorher erlittenen Schmerz, ebenso ist Nibbānam an sich nichts. Es erhält Sinn und Bedeutung erst aus dem vorher begriffenen Leiden heraus. Nibbānam ist also ein reiner Ausfallwert. (Paul Dahlke)

Wo früher Hitze war, da ist jetzt Kühle. Das Feuer der Lebensleidenschaften brennt nicht mehr. Leiden tut nicht mehr weh. Nibbānam ist das Glück vollkommener, innerer Stille. Beim Stillsitzen und Sichversenken kann es bereits "berührt" werden. Man darf es nicht als unerreichbares Ideal in all zu weite Fernen rücken. Man kann sich schon mit einem Gedanken in seinen wohltuenden Einflußbereich begeben. Für den, der den "Weg" geht, entwickelt das Nibbānam eine immer stärkere Anziehungskraft.

Zur Verwirklichung des Nibbānam führen die ständigen Erinnerungen (sati) an das Gesetz vom Entstehen und Vergehen unserer körperlichen, seelischen und geistigen Prozesse. Und die Erinnerung an die vom Buddho aufgezeigte Lehre, darunter nicht zu leiden, sondern eher erleichtert zu sein, daß es auch ein Aufhören, ein Ende dieser Prozesse gibt.

Das Nibbānam "steht", wie die Stille. Und auch der Weg dorthin "steht". Wie auch der Buddho "steht" und uns ermuntert, es ihm gleichzutun. Wenn wir keinen Spaß daran finden, müssen wir halt leiden.

Von den in den Texten vorkommenden 33 Synonymen für Nibbānam seien hier noch einige aufgezählt:

> Reizfreiheit
> Unbeeinflußbarkeit
> Freisein (von Trieben)
> Reinheit
> Durstversiegung
> Stille
> das Ungeschaffene
> der Kern
> das Ungeborene
> das andere Ufer
> die Insel (des SELBST)
> die Sicherheit
> der Frieden
> die Todlosigkeit

Glieder der Erwachung

Seelisch-geistige Fähigkeiten, deren Entwicklung und Vervollkommnung allmählich zum "Durchschauen der Wirklichkeit", d.h. zur "Erwachung" führen. Das "Wachwerden" ist ein Stufenweg der Reifung hin zum Freiwerden von allen Süchten und Lebenstrieben.

Sieben "Erwachungsglieder" werden aufgezählt:

1. Die Sati, die Erinnerung, die stets neu aufgerufene Achtsamkeit.

2. Die Lehr-Ergründung, das Nachdenken und Verinnerlichen der einzelnen Lehrstücke (Dhammas).

3. Die Tatkraft, die immer wieder zum Streben einlädt und immer wieder einen Beginn setzt.

4. Die innere Freude und Begeisterung über das, was gewonnen wird an Stille und Einsicht in die Lebenszusammenhänge.

5. Das innere Stillwerden, nachdem die Freude einen ganz zufrieden gemacht hat. Auch das Stillwerden bis in die Körperfunktionen hinein. "Körper- und Seelenstille", Seelenfrieden.

6. Die Sammlung, die nur gelingen kann, wenn Körper, Seele und Geist sich wohlfühlen, "glücklich" sind, und zwar völlig unabhängig von äußeren Anlässen, den fünf Sinneneindrücken samt dem Geisteseindruck.

7. Der Gleichmut, - als Frucht der Sammlungsübung. Das Stehen in der Mitte. Das Nicht-mehr-Geworfensein durch die Einflüsse der Vielfaltwelt. Der Gleichmut gilt als der feinste Geistes- und Seelenzustand, er ist gleichsam der innere "Katzenfellstatus", der nicht mehr reagiert, sondern, stets sanft bleibend, in sich ruht.

Sankhāro

Ein ganz und gar unübersetzbarer Begriff im Pāli. Jedes deutsche Wort trifft immer nur haarscharf daneben.

Das Wort beschreibt den Täuschungscharakter der "Welt", die wir so normalerweise mit unseren Sinnen wahrnehmen und mit unserem Denken "bearbeiten".

Der Sankhāro bewirkt und schafft das Bewußtsein mit dem Körper zusammen. Er ist gleichzeitig die Bedingung für einen Prozeß und sein Ergebnis, seine Ausgestaltung.

Die Sankhārā (Sankhāras) sind die elementaren ("atomaren") Grundlagen von allem in der Welt (Kosmos), - auch die Kraft, welche die "Atome" zusammenhält.

Die Sankhārā sind unsere "schöpferischen" Handlungen mit Körper, Sprache und Geist (Gedanken), sind die ganze Welt der Phänomene schließlich, die wir beobachten und damit im Grunde hervorbringen, denn wir projizieren mit unserem ICH ununterbrochen alles in die "Welt" hinein und schaffen damit die "Weltereignisse". Durch das Stillwerden und Aufhören der Sankhāras entsteht kein Leiden mehr, wächst das "Glück der Stille".

So etwa geht das Lexikon (Davids-Stede) mit dem Wort um.

In Warders Pāli-Grammatik steht kurz und bündig:
Sankhāro - Kraft (die noch am nächsten liegende Übertragung), Energie, Aktivität, Verbindung, Prozeß, Instinkt, Gewohnheit. Sankhāro bedeutet die Kraft oder die Kräfte, die sich im Zusammenhalt der Atome in der "Materie" zeigen, in der Dauer dieses Zusammenhalts, - wie in der Lebensspanne eines Wesens (Mensch, Tier, Pflanze) - und in den Instinkten und Gewohnheiten

von lebenden Wesen. Der Mensch kann die Wucht der Sankhāras durch die Übung der Sammlung und Vertiefung mildern bis beruhigen.

Otto Franke formulierte nach dem Sich-Eindenken in die Texte etwa so: Sankhāro - das Schaffen, Hervorbringen, Bilden, Zusammenfügen. Das, was aufgrund einer Ursache entsteht. Fallen die Ursachen für das dauernde Schaffen und Bilden weg, tritt Ruhe ein: Nibbānam.

Mit unseren Gedanken und Wünschen bringen wir dauernd etwas hervor und wissen dabei garnicht genau Bescheid über das, was wir da tun und was mit uns geschieht.

Der Sankhāro ist ein psychisch-geistiger Prozeß, der uns etwas vortäuscht, was in Wirklichkeit ganz anders ist. (Wir leben im "Nichtwissen" trotz unserer blitzgescheiten "Wissenschaften", - wir wissen nur um das "Falsche".)

Der Sankhāro wäre dann auch die ganze weltschöpferische Potenz unseres Fünf-Sinnennetzes mit dem Gehirn als Ort des Denkens. Mit unserem "Schaffensdrang" sind wir vollkommen identifiziert, sind mächtig stolz darauf und bauen darauf die ICH-Illusion auf. Wir sehen dieses ICH als ein SELBST an, das eine gewisse Konstanz und Dauer hat. Aber dieses von uns angenommene SELBST ist mit unserem Leib vollkommen vergänglich.

Die Sankhāras sind unsere Geistesfunktionen, unsere aus tief verwurzelten Neigungen geborenen "Vorstellungen", - Gedanken an und um etwas: bis in unsere Zellen hinein sind wir das, was wir denken. Oder: Wohin sich einer denkt, dahin gelangt er. (Der GEIST den Dingen geht voran).

Die Sankhāras in eine neue Richtung zu bringen, in die Richtung der Ruhe, ist das Ziel der buddhistischen Übung. Man wird dieses ganzen ständigen Drängens und Wirbelns immer mehr müde. Man findet immer weniger Anziehendes an den Sankhāras, weil die Ruhe viel schöner ist. Die Stille der Gedankenprozesse (und Weltprozesse) zu erfahren, eröffnet eine ganz neue "Weltsicht".

Wir begreifen: nur die Tätigkeit unserer Sinne liefert das Baumaterial für die Sankhāras. Je mehr die Sinne umherjagen, desto mehr "baue" ich. Je stiller die Sinnentätigkeit wird, desto weniger "baue" ich "Welt" und "Erlebnisse".

Von daher wird die Bedeutung der Sammlungs- und Vertiefungsübungen verständlich: sie sind zum Beruhigen unseres vitalen Betätigungsdranges mit Körper, Sprache und Geist gedacht und zum allmählichen Sich-Lösen von allen Ein-Bildungen.

Beim Stillsitzen sehen wir die "Wirklichkeit" mit anderen "Augen", so wie sie wirkend ist. Im Stillsitzen können wir endlich einmal alle "Dinge" verschwinden lassen, begreifen ihre absolute Vergänglichkeit, ihre Nichtbeständigkeit. Wenn wir das lange genug machen, hören wir auf, an der Vergänglichkeit zu leiden, wachsen wir über die Sankhāras hinaus. Das beständige "Glück der Stille" steht über dem schwankenden und flüchtigen Glück der wirbelnden Sankhāras.

Khandho

Umfang, Größe, Masse. - Stamm. - Ansammlung von Teilen. Das, was einen Inhalt formt und ausmacht, umfaßt. Das konstituierende Element, der wesentliche Faktor, die Substanz einer Sache.

In der Buddha-Lehre werden fünf solcher Ansammlungsteile oder Daseins-Elemente beschrieben, mit denen wir ganz fest verflochten sind, an denen wir haften. Diese fünf Khandhas sind die Elemente unserer sinnenhaften (fast ausschließlich nach außen gerichteten) Welterfahrung. Es ist das

Körper-Gefühls-Wahrnehmungs-Handlungs-Bewußtseins-Gefüge

und damit der Prozeß unseres Lebens überhaupt, das, was unser Leben und Sterben ausmacht.

Die fünf Khandhas sind die Brennelemente des Lebens, -
die Werkstücke des Daseins *(Dahlke)*, -
die letzten Bausteine der Erfahrung *(Hecker)*.

Wir sind mit ihnen vollkommen identifiziert und daraus entsteht unser Leiden.

Wir erkennen sie kaum als vorübergehend, als im Kreise immer wiederkehrend.

Wir erkennen nicht die "Wiedergeburt" dieser Khandhas von Augenblick zu Augenblick, von Lebenszeit zu Lebenszeit.

Wie die Betrachtung der fünf Khandhas zu üben wäre, sollen zwei Beispiele erläutern.

Zunächst nach Hellmuth Hecker:

Körper und Formen sind Ich und Welt. Sie täuschen die Illusion vor, daß es eine objektive Welt gäbe, die unabhängig von mir und meiner Erkenntnis bestehe. Die vor allem etwas Beständiges darstelle. Dabei ist ihr Wesen nichts als ständiges Kommen und Gehen.

Ein ganzes Leben lang zwingt uns der Körper Aufmerksamkeit ab und wird nach dem Tode doch verbrannt oder von Würmern gefressen. Er wird von Krankheit und Alter befallen. Was so vergänglich und hinfällig ist, das ist nicht Mein, das bin ich nicht, das ist nicht das SELBST.

Der Körper wird von Gefühlen bewegt, die ständig wechseln, - von Lust und Schmerz, von Wohl und Weh. Selten gibt es einen Augenblick der Zufriedenheit. Auch diese ganzen Wohl- und Wehgefühle gehören mir nicht, sind nicht das SELBST.

Was ich fühle, das nehme ich wahr, unterscheide ich und benenne ich. Von jenem Objekt kommt ein Wohlgefühl, von jenem ein Wehgefühl. Und auch hier nichts als Wechsel, der eigentlich nichts mit mir zu tun hat, nicht mein SELBST sein kann, das ja im Beständigen, In-sich-Ruhenden gründet.

Die Wahrnehmungen lösen Wünsche, Willenskräfte aus, Tätigkeitsdrang, Gestaltungsdrang: das hätte ich gern, das soll nicht so sein, man könnte doch usw. Und der Körper mit seinen Blut- und Triebgesetzen redet immer mit. Und auch dieses ganze Aktivitätsgewimmel gehört mir nicht, ist nicht das SELBST.

Und im Bewußtsein sind die ganzen Prozesse der Sinne eingeschrieben, die ganzen Gefühlserfahrungen, die "Programme". Und immer neue Kombinationen sucht das Bewußtsein zu finden.

Bewußtsein ist ein Strom von Daten: das ist die Zeit, die da fließt. Dieser Strom brandet an, und es ist da kein Halt und keine Sicherheit. Im Strome schwimmen ICH und Welt und vom Strome werden sie mitgerissen, fortgespült. Das ist nicht Mein, das bin ich nicht, das ist nicht das SELBST.

Also nicht Leben ist Leiden, nicht diese fünf Werkstücke sind Leiden, sondern Leiden ist das Festhalten, Sich-Anklammern und Haften an diesen Werkstücken. Ich leide nur, wenn ich mich völlig mit diesen Prozessen identifiziere, mit all dem, was vergänglich ist.

Wenn ich daran arbeite, mich zu ent-identifizieren, wird das Leiden abnehmen, werde ich der Ruhe und dem Frieden näherkommen.

Bei Paul Dahlke heißt es:

Wie im Reiben zweier Hölzer aneinander Wärme aufspringt, so springen im Reiben der Khandhas aneinander, der fünf Werkstücke des Daseins, die Affekte, die Willensregungen auf.

Modern physikalisch ausgedrückt bedeutet das:

Die fünf Khandhas, das heißt der ganze Ich-Prozeß als dynamischer stellt in jedem Daseinsmoment einen ihm eigenen, einzigartigen Wert an potentieller Energie dar, welche letztere auf den auslösenden Reiz der Außenwelt hin in die lebendige Energie der Willensregungen übergeht.

Der jeweilige Gehalt an potentieller Energie, die fünf Khandhas, schafft immer wieder Aufspringen von lebendiger Energie, von Willensregungen und umgekehrt: die Willensregungen schaffen immer wieder neuen Gehalt an potentieller Energie. Und das Ganze ist ein Vergleich, der nichts soll, als die rein dynamische, flammenartige Natur des Daseins zu zeigen. Die immer wieder neu aufspringenden Willensregungen entsprechen durchaus den immer neuen Entzündungsmomenten einer Flamme und das ganze Spiel des Lebensmechanismus ist in dieser Erkenntnis nichts als eine Umschreibung der Tatsache: „Es wirkt! Es brennt!"

So trete ich, durch den Buddho belehrt, in rechter Betrachtung unmittelbar in die Lebens-Werkstatt ein. Leben analysiert in der Inschau sich selber.

In der Buddha-Lehre gibt es nur eine Welt, die, welcher jeder einzelne sich selber er-lebt. Sie ist weder geschaffen, noch ungeschaffen, sondern ein aus ihren eigenen Vorbedingungen immer wieder sich selber Schaffendes, Produkt und Produzent in einem. Kann ich mich selber im Denken umgreifen, so weiß ich, daß von mir keine Fäden mehr zu einem Metaphysischen sich erstrecken können.

Stromeintritt – Stromeintrittsfrucht

Damit ist der Strom der inneren Heilung gemeint, der Strom aller heilsamen Dinge, des Immer-Freierwerdens vom Leiden am Leiden, der unaufhaltsame Strom der inneren Umwandlung. Die Heilslehre des Buddho zieht den Stromeingetretenen zum Nibbānam, so wie ein Strom ins Meer fließen muß. Es geht nicht anders.

Der Stromeintritt wird als die 1. Stufe auf dem Weg zur vollkommenen Befreiung beschrieben. Zuerst lernt man alle Voraussetzungen kennen, die notwendig sind, um zum Strom überhaupt zu kommen. Ist man in den Strom der Lehre eingetaucht, kann man die Frucht dieses "Eintritts" genießen.

Es geht um das Abbauen von drei geistig-seelischen Barrieren (Fesseln). Um diese Entfesselungsarbeit aufnehmen und erfolgreich durchführen zu können, ist es gut,

sich strebenden Menschen anzuschließen, die das gleiche Ziel verfolgen,

immer wieder die Gute Lehre zu hören oder zu lesen, aufmerksam und kritisch überprüfend über den Ursprung aller Dinge, die dauernd geschehen, nachzudenken,

und das Üben, die Praxis, *die Lehre entlang der Lehre üben*, heißt es immer.

Dabei geht es um eigene Erfahrungen und Erfolge und den Ansporn, der daraus erwächst.

Das führt zu wachsendem Vertrauen zum Buddho, als dem einzigen, wirklich noch kompetenten Lehrer, zum Vertrauen zu der Weggemeinschaft aller Menschen, die je geübt haben und weiter üben (monastisch Lebende, wie Laien) und zur Verbesserung des Verhaltens in der Welt.

Man entschließt sich zur Verbesserung seines Verhaltens in fünf Bereichen:

Man möchte üben, vom Töten anderer Wesen abzustehen,

man möchte üben, vom Nehmen des Nichtgegebenen abzustehen, also nicht zu stehlen im allerweitesten Sinne,

man möchte üben, die Geschlechtsleidenschaft in den rechtmäßigen Grenzen zu halten, also z.b. davon abzustehen, Minderjährige zu verführen,

man möchte üben, vom unwahren Wort, von der Lüge abzustehen,

und man möchte üben, vom Sich-Berauschen mit Alkohol und sonstigen Drogen abzustehen.

Die drei vom Stromeingetretenen abgestreiften Fesseln sind so zu beschreiben:

Er glaubt nun nicht mehr, daß sein Körper mit ihm identisch ist, das einzig Wirkliche in dieser Welt, geht nicht mehr völlig in diesem "Gehäuse" auf in dem Gedanken: *Das ist nicht Mein, das bin ich nicht, das ist für mich nicht das SELBST.*

Er ist angstfrei geworden gerade bei dem Gedanken, daß ihm im Grunde nichts zu eigen ist, er alles wieder hergeben muß. Die ganze zweifelnde Unsicherheit dem Leben gegenüber - was solls, wozu das Ganze? - ist verloren.

Und schließlich hängt er sich nicht mehr an die Tugendregeln und Gelübde, an rituelle Handlungen, weil er weiß, daß sie allein nicht zum Erfolg führen. Es kommt auf die innere Haltung an. Riten, Gelübde, Regeln sollten keine Fesseln werden. Ein Verstoß gegen eine Regel wird sofort erkannt und korrigiert durch den immer frischen Umgang mit der Lehre. Tugendliches Verhalten soll nicht fesseln, sondern frei machen. Der Stromeingetretene weiß, wie er immer neu und immer anders und immer besser mit sich umzugehen hat.

Der Stromeingetretene hat noch die Fesseln seiner Sinnesdränge, seiner gesamten Zu- und Abneigungen in sich, wenn auch in mehr und mehr gezügelter Form, - doch stehen sie jetzt unter einer völlig neuen Beleuchtung. Sie geschehen sozusagen aus wachsender Distanz zum Ich-Selbst, können leichter gelassen werden, immer wieder von neuem zugelassen werden, weil der Stromeingetretene nicht mehr so mit ihnen identifiziert ist wie früher. Das bedeutet, daß er viel weniger unter ihnen leidet, weil er anders als früher mit ihnen umgeht. Er haftet weniger an diesen Zu- und Abneigungen.

Vollkommen selbstsicher, nicht mehr fremdgestützt, nie mehr einem anderen Lehrer folgend, geht der Stromeingetretene seinen Weg unbeirrt weiter bis zur vollen Erwachung.

Götterwelt

Die ursprüngliche Buddha-Lehre ist nicht eine Religion des Glaubens, sondern eine sich selbst auferlegte Übung (der Begriff Religion scheint hier garnicht mehr ganz zu passen) des Denkens und Erfahrens, Sich-selbst-Erfahrens.

Keiner muß hier an "Gott" oder "Götter" glauben, aber er wird genau beobachten, wie er selbst auf die Tatsache reagiert, daß andere "ihre" Götter- und Gottesvorstellungen haben.

Auch für "Gott" und "Götter" gilt das Gesetz, daß sie vom Geiste ausgehen. Der Buddha-Geist will immer auf die Wirklichkeit unseres Erlebens zurückführen. Er lehnt Spekulationen und Luftschlösserbauten ab. Sie mögen eine zeitlang hilfreich sein, sie mögen als innere Glückszustände erfahren werden, - aber sie können und sollten nicht länger das Ziel sein. ALLES steht hier unter dem Gesetz der Vergänglichkeit, auch das höchste Gottesprinzip, das die Menschen gerne für "ewig" halten.

ALLES unterliegt dem ständigen Wandel. Jedes Volk hat Götterwelten geschaffen, je nach den Idealen, die angestrebt wurden. Nach indischen Vorstellungen lebten die Götter sehr lange Zeiten hindurch in so großem Glück, daß sie die Vergänglichkeit vergaßen. So konnte ihnen nichts besseres geschehen, als wieder zu Menschen zu werden, um die Chance zu höchster Buddha-Erkenntnis zu bekommen, - falls sie mit der Buddha-Lehre in Kontakt kämen.

Es hat keinen Sinn, von einer Götterwelt oder Himmelswelt zu träumen, - man muß sie in sich erzeugen, in diesem Leben lebendig machen. Das ist der Kern der Buddha-Lehre.

So erscheinen dann in den Texten die Götterhierarchien, die der Buddho vorfand, als Erfahrungen in den Vertiefungen, (Meditationen). Sie werden immer wieder durchschritten, um zum tiefsten Frieden zu kommen. Sie werden zu Hilfsmitteln. Sie werden umgedeutet, wie alles unter dem klaren Geist des Buddho, der kein Freund von Spekulationen, sondern von praktischen Übungen war, die zum unerschütterlichen Glück und inneren Gleichmut führen.

Die Wirklichkeit, der Dhammo, das Gesetz von Ursache und Wirkung und das Gesetz von der Beendigung alles Wirkens bedeuteten ihm alles. Er zeigte, was er in eigener Erfahrung gewonnen hatte.

Ob einer seinem Rat folgte oder nicht, war zweitrangig und ohne Bedeutung.

Es fehlt hier jede dogmatische Begriffswelt. Deshalb gibt es auch keine "Theologie". Und darum auch keinen Beweis oder Nichtbeweis von "Gott" und "Göttern".

Das, was wir "draußen" zu sehen meinen, wird nach innen genommen. *Eine Evolutionstheorie der ICH-Welt wird gegeben.* (Dahlke)

Die "Welt", - auch die Götterwelt - auch die Höllenwelt -, ist nur das, was jeder einzelne sich selber er-lebt. Im Weltbild des Buddho hat ein An-sich-Bestehendes keinen Platz mehr. Alles verbeweglicht sich, wird zu einem Kraftprozeß, den es gilt, zur Ruhe zu bringen.

Was der Buddho vorfand an Mythos um "Gott" und "Götter", hat er nicht den Menschen weggenommen, sondern es nur fein in eine andere Bahn gelenkt. Auch das "Jenseits" mit seinen oft sehnsüchtig erwarteten "Glücks-zuständen" sollte überwunden und keine Fessel werden.

"Jenseits" geschieht in dieser Lehre mit dem Gedanken, der Dunkles fort-scheucht.

"Jenseits" geschieht hier mit jedem guten Wort, das ich sage, mit jeder gu-ten Tat, die ich tue.

Muni

Der Muni ist der Wortbedeutung nach "der Schweiger".

Die nichtbuddhistischen Asketen, die diese Bezeichnung trugen, hatten zumeist das völlige Schweigegelübde abgelegt. Doch dies war nicht üblich im Mönchsorden des Buddha. Der buddhistische Muni war wortkarg, doch nicht stumm; auf das Notwendige und Sinnvolle beschränkte sich seine Rede.

Sein "Schweigen" aber war nicht nur eines im Wort, es war auch ein Stil-lesein des Körpers und des Geistes. Im Gebiet des Körpers war es die Ge-messenheit und Beherrschtheit seiner Bewegungen, die Ungeschäftigkeit seines Lebens, die Anspruchslosigkeit, zu der er seinen Körper erzogen hatte. Vor allem aber war seine Art des "Schweigens" ein Stillesein des Geistes: keine Leidenschaften und Wünsche, keine Zweifel und unruhigen Grübeleien erheben mehr ihre lauten Stimmen in seinem Herzen, in dem die Stille wohnt.

Gekleidet in diese dreifache Stille von Gedanke, Wort und Tat, geht der Muni seinen einsamen Weg: selbstgenügsam und in sich gekehrt; abhold der Geselligkeit, doch nicht der edlen Freundschaft, wenn er sie, die auf seinem steilen Pfade so seltene, trifft; entschlossen dem EINEN zugewandt, das nottut; daher streng gegen sich selbst, doch voller Güte und Erbarmen zu allen Lebewesen.

Um ihn, den Muni, weht die Luft der hohen Bergesgipfel; klar und durch-scheinend, von äußerster Reinheit und Kraft. Der Muni stellt das Idealbild einer heldenhaften, inneren Kraft dar, die über ICH und WELT gesiegt hat.

Der Muni lebt die Waldstille geistiger Sammlung und Versenkung. (Nyāna-ponika*)*

Samādhi

Der leiblich-seelisch-geistige Zustand eines In-sich-Zusammengefügt-seins, einer Sinnenwelt-Abgeschiedenheit, eines Schweigens des Körpers, der Gedanken und Gefühle und damit des Vergessens der Vorstellung ICH BIN JEMAND.

"Ich" und "Welt" fallen im Samādhi in einen Punkt zusammen.
Vielfalt verschwindet: Herzensfrieden tritt ein.

Samādhi ist die Frucht bestimmter geistig-seelischer Übungen, die stets auch auf dem Boden leiblicher Beruhigung stehen müssen, wachsen müssen:

der Sinnenzügelung,
der immer wieder wachgerufenen Sati
(bei allem Denken, Reden und Tun),
der Genügsamkeit und inneren Zufriedenheit,

dem Aufheben der fünf Hemmungen:

1. Verlangen nach der Sinnenwelt.
2. Haß und Abneigung.
3. Inneres Mattsein, Vergessen des inneren Strebens.
4. Innere Unruhe und Grübelei, ob alles recht ist.
5. Innere Unsicherheit, Zweifeln am Sinn des Strebens.

Das immer erneute Aufheben dieser fünf Hemmungen beim Stillsitzen ermöglicht die vier (oder acht) Vertiefungsgrade (Stufen der weltüberwindenden Stille).

Das deutsche Wort "Sammlung" wird diesem Vorgang des "Einsammelns der Sinne" durchaus gerecht, wenn man daran denkt, daß das Einsammeln Stufen durchlaufen muß, bis es zur Frucht der Sammlung wird. Diese Früchte der Sammlung haben ganz verschiedene Formen und können niemals schematisch beschrieben werden. Es ist nicht gut, den Samādhi regelhaft einzuengen. Geist und Natur des Menschen sind allzu vielfältig (selbst bei kontemplativen Begabungen) angelegt, als daß es nur eine einzige Samādhi-Erfahrung geben könnte.

Vielleicht ist es auch nicht gut, den Samādhi der buddhistischen Übung in die Nähe "mystischer Gotteserfahrung" zu bringen. (Unio mystica der Christen).

Der Samādhi kann niemals Objekt akademischer Spekulationen werden, sondern immer nur vom Einzelnen am eigenen Leibe erfahren oder nicht erfahren werden. Er stellt sich gesetzmäßig ein, wenn ich nicht müde werde, seine Voraussetzungen zu erfüllen. Dazu gehört wesentlich, ihn garnicht zu erwarten.

Ekstatische, trance-artige (kataleptische) Samādhi-Erfahrungen sind immer wieder beschrieben worden (sogar fotografiert zu sehen) als sogenannte "Entrückungen". Doch sind sie durchaus nicht als Ziel des buddhistischen Heilsweges anzusehen, etwa in dem Sinne, daß nur d e r das Nibbānam erfährt, der alle diese Samādhiformen zu erzeugen imstande ist.

Das Aufwachen aus dem "Wahntraum" hat eher etwas mit hellster Wachheit und schärfster geistiger Klarheit zu tun, mit unerschütterlichem Gleichmut, denn der Samādhi ist, wie alles, geistig-seelisch "erzeugt" und vergeht wieder, sollte also fahren gelassen werden können. Dennoch bleiben alle Sammlungsstufen befreiende Erfahrungen einer "ganz und gar glücklichen Welt" in uns, inmitten einer "Welt voller Leiden" außerhalb von uns. In der Sammlung begreifen wir endgültig, daß ALLES, was entsteht, auch wieder vergehen muß.

> *„Seht ihr wohl irgendeine noch so feine Fessel,*
> *die ich nicht lehre zu lösen?"*
> *„Nein, Herr!"*

Mettā

Vom Wortstamm her ist Mettā F R E U N D -schaft gegenüber A L L E M, was mir begegnet. Mettā ist die zum Freund machende und gehörende Einstellung, die wie die Sonne wärmt, ohne selber Wärme zu begehren. *(H. Hecker)*

Diese Haltung ist uns nicht angeboren, sie muß eingeübt werden. Sie ist das Ergebnis eines allmählichen Zurücktretens von sich selbst. Sie benötigt eine gleichmütige innere Gehobenheit, die auf dem Boden innerer Freude wächst.

Das deutsche Wort LIEBE ist zu vieldeutig, um auf Mettā angewandt werden zu können.

Vollendete Mettā ist frei von allem triebhaften Begehren. Doch sollte man auch nicht zu streng die begehrliche Liebe von dem hohen Ideal der "selbstlosen" Liebe trennen. Alles, was "abgespalten" ist, ist nicht gut für uns. Auch die Geschlechtsliebe kann ein hohes Ideal sein, wenn sie sich nicht in körperlichen Akten erschöpft. Sie schließt Mettā in keiner Weise aus.

Mettā versucht, überall in allem sich selbst zu sehen.

Mettā macht keine Unterschiede zwischen Freund und Feind.

Mettā erklärt eben ALLES zum Freund, ganz vornean natürlich auch mich selbst, aber auch die lästige Fliege, die mich an der Nasenspitze kitzelt.

Mettā, zur Dauerübung im Leben gemacht, löst allmählich allen inneren Haß auf. Und das hat der Buddho mit dem befreienden Gefühl verglichen, das wir erfahren, wenn wir von schwerer Krankheit genesen sind und wieder zu Kräften kommen.

Mettā nimmt keine Elle in die Hand und mißt.

Mettā trägt etwas Weiblich-Mütterliches in sich, das noch zu erweitern ist: die Mutter liebt ihr einziges Kind, ihr Ein und Alles. So wie diese Mutter liebt, will ich ALLES zu EINEM machen und lieben.

Die Mettā-Haltung ist für den Inder mit der Gottesliebe identisch. *Willst du zu Gott kommen, mußt du Mettā üben*, heißt es. Aber das ist nicht das Ziel in der Buddha-Lehre.

Mettā ist hier auch wieder "nur" Mittel, um zum Frieden, zur inneren Stille zu gelangen. Wer sich in den Mettā-Gedanken übt, dem löst sich alle innere Beklemmung auf, der fühlt sich frei. Es gehören durchaus Mut und Ausdauer dazu, um die Frucht der Mettā-Haltung zu gewinnen. Sie ist eine vollkommene Umgewöhnung unseres Denkens und Fühlens.

Mettā versucht das, was unmöglich scheint, wenn man die "Welt" ansieht:

> Mögen ALLE Wesen glücklich sein,
> alles, was da lebt und atmet,
> möge Wohlergehen und Frieden erfahren.

Dieser stille Wunsch schadet keinem anderen und hilft mir, über den beengenden und niederzerrenden Haß hinwegzukommen.

Todlosweg

Der Weg zum Todlosen, zum Nibbānam.

Bleibt man in der alten Gedankenwelt der Glaubensreligionen stehen, hat man nicht umgedacht, so kommt man immer in die Gefahr, dieses "Todlose" aus dem alten Gedankenrüstzeug her zu deuten, d.h. es mit "Ewigem Leben" im Sinne der Glaubensreligionen gleichzusetzen.

Einen schwereren Fehler könnte man bei der Deutung der Buddha-Lehre nicht begehen. Das "Todlose" heißt schlicht: das Todfreie, das, was keinen Tod mehr in sich birgt. (Und das heißt auch keine Angst mehr vor dem Tod). Das aber ist etwas ganz anderes als "Ewiges Leben". Der Buddhist anerkennt keine absoluten Werte. Für ihn gibt es nur bedingte Werte. Daß Sterben aufhört und Leben an sich bleibt, das ist ihm eine kindische Vorstellung, für die es in der Wirklichkeit nirgends eine Möglichkeit gibt. Soll Sterben aufhören, soll Todfreiheit da sein, so ist das nur möglich unter der Bedingung, daß Leben auch aufhört. Nur, wo nicht mehr gelebt (oder Leben angestrebt wird), da wird auch nicht mehr gestorben. (Paul Dahlke)

Māro

Ein Wort für den Todbringer, den Zerstörer. Der personifizierte Tod (lateinisch: mors).

Māro wird auch der Schlechte, Üble, Böse genannt, weil ihm die Welt des Entstehens und Vergehens gehört, weil er der Herrscher über den Samsāro, den endlosen Kreislauf von Geburt und Tod ist.

Māro ist der eifrige Verhinderer des Nibbānam, des engültigen Zurruhekommens aller Lebensprozesse.

Er trägt auch den Beinamen: der Dunkle, der Endiger, der Lässigkeitsverwandte.

Er hat ganze Heerscharen unter seinem Befehl, um den Menschen vom Weg zum Frieden abzuhalten:

das Jucken der Sinnenreize,
die Unlust am inneren Streben,
Hunger und Durst des Körpers,
Zweifel am Sinn des inneren Strebens,
(z.B. auch an der Wahrheit vom Leiden),
das Streben nach Geltung und Anerkennung.

Māro ist der große Täuschende: was voller Leiden ist, stellt er als schön und verlockend hin. Er wird gern in Gestalt seiner verführerischen Töchter dargestellt, die für die strebende Frau māro-gemäß zu verführerischen Söhnen werden.

Māro schießt seine blumengeschmückten Pfeile in unsere Augen, damit wir immer wieder erblinden und nicht klar durchschauen.

Māro ist der Herr des Immer-Wieder in der Natur, in unseren Neigungen und Trieben. Er verkörpert das Gesetz der maßlosen Verschwendung in der Natur, und der maßlosen Zerstörung der Natur durch den ausbeutenden und Kriege führenden Menschen.

Durch die Übung des Stillsitzens und Sich-Vertiefens ist es möglich, aus Māros Einflußbereich hinauszutreten, ihn immer mal wieder "blind" zu machen.

Wer übt, an der Vergänglichkeit nicht mehr zu leiden, der ist sozusagen für Māro nicht mehr "interessant", der "entmutigt" den Todbringer.

Beim Stillsitzen kündigen wir unsere uralte Verwandtschaft mit Māro auf. Immer wieder, immer wieder, - bis er uns keinen Schmerz mehr mit dem Tode zufügen kann.

Rāgo – rāgafrei

Rāgo ist der Reiz, der von der Sinnenwelt ausgeht, von ihren unendlichen Farbabstufungen, und das innere Ansprechen auf diese Reize (Farben). Es ist die Lust am Gereiztsein und am Gereiztwerden. Das instinktive Verlangen von Körper, Seele und Geist nach Reizen. Das positive Bewerten von Reizen, weil sie Glück und Zufriedenheit versprechen. So bringen die Reize und die Reizbarkeit immer wieder in "Rage" und Ruhe vor diesem stets neu aufflackernden Fieber ist nicht zu finden.

Rāgo wird gleichnishaft als eine der drei verführerischen Töchter Māros beschrieben.

In der buddhistischen Übung geht es darum, die Sucht nach den Außenreizen allmählich zu dämpfen, um mehr und mehr Gefallen am "Reiz der Stille" zu gewinnen, deren "Reiz" so ganz anderer Art ist. Dieser "Reiz" setzt kein Brennen fort, sondern beginnt eher, das Reizfeuer zu löschen, statt immer wieder lodernd anzufachen. Dabei werden Glück und Zufriedenheit im Inneren erfahren, die allmählich immer unabhängiger von Außenreizen machen und wesentlich länger anhalten, als die stets nur kurz aufflackernden Reizflammen.

Ein wichtiges Hilfsmittel für die Zügelung der "Reizbarkeit" ist die Beobachtung und allmähliche Milderung des Abgestoßenseins von Dingen und Phänomenen. Denn starkes Angezogensein bedingt auch starkes Abgestoßensein und umgekehrt. Je heftiger die Pendelausschläge, desto mehr Unruhe. Je geringer die Pendelausschläge, desto näher an die Ruhe komme ich.

Die Gesetzmäßigkeit, die in diesem geist-leiblichen Prozeß stattfindet, läßt sich auf die einfache Formel bringen:

Je mehr Rāgo in mir brennt,
desto weiter weg vom Nibbānam bin ich.

Je mehr Rāgo in mir abnimmt,
desto näher komme ich dem Nibbānam.

Fällt Rāgo schließlich einmal für immer aus,
"stehe" ich unerschütterlich im Nibbānam.

Auf dem Übungswege kann das auch vorübergehend schon in den Vertiefungen erfahren werden - kurz oder länger - schwächer oder intensiver, - bis diese Erfahrung einmal voll-endet ist. Dann gibt es keinen "Reiz der Wünsche" mehr. Ein Ziel, das nicht jeder wünschen wird, dem das Leben eitel Zuckerschlecken ist. Ein Ziel, das durch Wünschen auch nie zu erreichen ist, sondern nur durch das konsequente Aufgeben von Wünschen.

Gelbe Robe - die Gelbe

Ist die einheitliche Bekleidung buddhistischer Mönche. Sie besteht aus drei innen und außen angelegten Tüchern, die vorwiegend von Laien genäht werden.

In alter strenger Auffassung vom Mönch selbst aus Müllplatzfetzen zusammengestückelt.

Viel gehört - wenig gehört

Ausdrücke, die auf die frühreligiöse Praxis der mündlichen Überlieferung hinweisen, als es noch keine Schriften gab. Auch die buddhistische Lehre ist erst etwa 400 Jahre nach dem Tode des Buddho schriftlich fixiert worden.

Einer, der religiösen Lehren viel zugehört hat, dem traute man zu, daß er das Gehörte in seinen Geist aufgenommen und in seinem Herzen bewegt hatte. D.h., er ist durch das Zuhören zu eigenen Erfahrungen im Laufe der Zeit gekommen.

Der Jünger des Buddha heißt darum auch der "Hörer", einer, der die Lehre immer wieder hört und verinnerlicht, was in unseren Zeiten natürlich weitgehend durch das "Lesen" ersetzt werden kann, wenn es nur intensiv genug ist und zur Nachfolge aufruft. Je mehr ich von den Lehrtexten verinnerlicht und ständig "parat" habe, desto eher werde ich nach ihnen handeln und mich ändern können.

Hölle, Höllenreich

Eigentlich der "abwärtsführende Weg". All die Gemüts- und Gefühlszustände, die uns heftige, qualvolle Schmerzen bereiten. Man mag sich das als Örtlichkeit vorstellen oder nicht: jeder bereitet sich und damit wohl auch den Mitmenschen die "Hölle". Und wir können täglich die "Hölle" um uns erleben, sehen sie in Krieg, Elend, Not, Hunger mitten unter uns. Aber in der buddhistischen Lehre gibt es keine "ewige Verdammnis", denn das Gesetz der Allvergänglichkeit herrscht auch hier in der "Hölle", ganz ebenso wie im "Himmel", als dem Zustand wachsenden, inneren Glücks. Haben sich die Wirkungen der schlechten und guten Taten erschöpft, beginnt ein neuer Kreislauf von Werden und Entstehen, bis durch die Belehrung eines Buddho ein Wesen anfängt, an der Beendigung alles Wirkens zu arbeiten.

Übungsfrieden

Ist jener Zustand, der keine Übung und Anstrengung mehr verlangt. Ist also ein Synonym für Nibbānam, und gilt für den vollkommen heil Gewordenen, der sein "Ziel" erreicht hat.

Anmerkungen

zu den

Theragāthā

4	Tritt in M 24 auf. (M = Mittlere Sammlung der Lehrreden)
6	Mit "Haaressträuben" ist unsere Urangst gemeint, die tief in unserer Triebnatur wurzelt.
7	Zu Māros Heer siehe auch Māro bei den Erläuterungen der Pāli-Begriffe.
26	Sohn des Königs Bimbisāro. In M 58 tritt er auf und wird Schüler des Buddho. Er soll den Arzt Jīvako als Säugling auf einem Misthaufen gefunden und aufgezogen haben. Ein anderer Kommentar behauptet, er wäre Jīvakos leiblicher Vater gewesen.
29	Suchte nach dem frühen Tod seiner schönen Frau Trost beim Buddho. Verließ die Welt. Konnte sich erst nicht recht sammeln, sah einen Pfeilemacher bei der Arbeit und begriff, was zu tun wäre. Der Vers wird dem Buddho in den Mund gelegt. In früher Version schwebte er über dem Hārito in der Luft und ermunterte ihn. Eine gedankliche Vorstellung, die immer hilfreich sein kann und innere Nähe des Meisters vermittelt, der ja stets unser eigener Meister ist (der Meister in uns). Hārito wurde "natürlich" ein Araham.
30	Suchte als alter Mann das "Todlose", wurde ein Pilger. Hörte den Buddho, trat in den Sangho ein. Der Buddho gab eine kurze Anweisung, nach der Uttiyo meditierte. Als er krank wurde, versuchte er, achtsam zu bleiben, sich nicht hängen zu lassen. Wurde ein Araham.
31	Lebte in einem waldreichen Ort namens Gahvaratīro, daher sein Name. Blieb im Wald, lehnte die Bitte der Verwandten ab, in ihrer Nähe zu leben. Wurde ein Araham. Vergl. auch M 2 *Geduldig erträgt er Bremsen, Mücken, Kriechtiere...*
32	Aus einer Familie von Leichenfeldwärtern. Hörte von einem Freund die "Lehre", trat in den Sangho und wurde Araham. Seine "Wiedergeburt" in einer niedrigen Kaste wird damit erklärt, daß er unter einem früheren Buddho stolz auf seine Kriegerherkunft und Bildung war und seine Freunde herabsetzte. Also: wer herabsetzt, fällt herab.

44	Soll mit sieben Jahren schon ordiniert worden sein. Übte die Mettā-Betrachtung. Wurde ein in ganz Indien bekannter Lehrer. Soll 120 Jahre alt geworden sein. Viele Legenden ranken sich um seine Gestalt und die Beziehung zu seiner verwitweten Mutter.
45	Sohn eines Bankiers in Rājagaha. Führte ein unstetes Leben. Sah, wie ein Ehebrecher eingesperrt wurde. Trat in den Sangho ein. Als Mönch lebte er im Luxus, in einem schön eingerichteten Raum, daher sein Name (der entzückend Lebende). Verließ später diesen Luxus und wanderte herum. Sah einen Fuhrmann seinen erschöpften Bullen tränken und wieder anspannen, - nahm daraufhin seine Mönchspflichten ernster. Mit Upālis Hilfe wurde er ein Araham.
47	Soll ein großer Vedenkenner gewesen sein, der sich dann dem Buddho zuwandte. Zog sich in einen Wald zurück und wurde bald ein Araham.
52	Sohn eines Königs. Bimbisāro baute eine Hütte für ihn und seine drei Freunde, vergaß aber das Dach. Es soll solange nicht geregnet haben, bis der "Fehler" behoben war. Was für ein "Wunder" im Tropenland!
57	"Hütte" hier vor allem als Symbol für das "Körperhaus". *Du Hauserbauer bist erkannt.* Der angeführte Kommentar ist oberflächlich.
61	Einer der fünf ersten Mönche des Buddho. Sohn von Vāsettho. Begleitete Gotamo während der sechs Jahre seiner Suche und asketischen Anstrengungen, verließ ihn enttäuscht, bis er die erste "Lehrrede" hörte. Fünf Tage später schon Araham.
73	Soll mit sieben Jahren schon in den Sangho eingetreten sein mit Zustimmung der Eltern. Der Vers schildert den berühmten Anlaß zum "Hinausziehen", wie er auch dem Gotamo zugeschrieben wird. Es wird hier nicht von einem Araham gesprochen.
76	War nur an Krieg interessiert. Daher sein Name: alles auflösend, was dem Feinde lieb ist. Vertraute dem Buddho, ging noch in den Sangho und wurde ein Araham. Zog sich in den Wald zurück. Der Vers deutet die Wendung zur Demut an und zur Aufhellung (Erhebung) des Herzens.

81   Erreichte vollendete Tugend - und bekam Lepra. Damit das ins Karma-Schema paßt, muß es "erklärt" werden durch Fehlverhalten in früheren Geburten. Zum Beispiel soll er als "Haushalter" einen Einzelerwachten beleidigt und ihn einen "leprösen Hungerleider" genannt haben, spuckte dann auch noch vor ihm aus. "Natürlich" kommt er lange in die "Hölle". In einem neuen Leben wird das noch weiter ausgesponnen. - Sāriputto soll ihn in der Krankenstation besucht und ihm ein Meditationsthema über die Gefühle gegeben haben. Darauf wurde S. ein Araham.

85   Ein früher Freund von Sāriputto.

93   Der Vers soll vom Buddho als Ermahnung zum Festhalten an der Sammlung gesprochen worden sein. Ich verstehe ihn aber genau so gut als Selbstermahnung im Sinne der "Lehre". *Das SELBST des Selbstes Schützer ist.*

118 Tritt in M 31 auf, im kleinen Gosingasuttam. Seine frühe Freundschaft zu Anuruddho soll er aufrecht erhalten haben.

119 Diesen Vers soll Vajjiputto nach des Buddho Tod zu Ānando gesprochen haben, der ja auch ein "Gotamo" war. Anando soll daraufhin Araham geworden sein. "Gebabbel" bezieht sich auf Ānandos wortreiche Rede vor einer großen Versammlung.

121 Lernte unter Sāriputto, wurde sein Begleiter. Er erklärte seinen Brüdern, körperliche Schmerzen wären leichter zu ertragen, wenn man an die Leidensfülle des Samsāro dächte. Es gab noch 29 weitere Uttaros.

125 Fünf Sinnentore: Auge, Ohr, Nase, Zunge, Haut.

152 Gespaltener Kopf - keine Einsicht haben, kein tieferes Wissen erlangen.

167 "Kletterpflanze", weil er schwer von Begriff gewesen sein soll und sich immer zu sehr auf seine Mitbrüder stützte. Er brauchte immer etwas zum Anlehnen, wie eben eine Kletterpflanze. Entwickelte erst spät im Leben Einsicht.

201 Tritt in M 23 auf im Suttam vom Ameisenhügel.

206 Einen solchen ganz besonderen, außergewöhnlichen Menschen. *Was für ein Mensch*

281   Galt als besonderer Ermunterer der Nonnen. M 146 gibt das in einer "Lehrrede" wieder.

295   Der einzige Sohn des Gotamo. Wurde geboren, als Gotamo den Palast verließ. Nach seiner Rückkehr in die Heimatstadt als Buddho, nahm er seinen sechsjährigen Sohn in den Sangho auf. Der Vater des Buddho bestand darauf, daß in Zukunft Kinder nur mit Zustimmung der Eltern aufgenommen werden dürften. Der Buddho stimmte dem zu.
In der Mittleren Sammlung sind drei große Lehrreden dem Rāhulo gewidmet: M 61, M 62 und M 147. Er starb noch vor seinem Vater und vor Sāriputto. Rāhulo bedeutet dem Wortsinn nach "Fessel".

305   Sugato heißt eigentlich: gut, recht, wohl gegangen. Ein häufiges Beiwort für den Buddho. Es schließt vollkommenes, bleibendes Glück in sich ein.

355   Soll aus einer Familie von Elefantenzähmern stammen. Die Verse können als Selbstermahnung gelten aus der Erinnerung an die Zähmungsarbeit mit Elefanten.

357   "Trompeter" ist ein häufiger Beiname für "Elefant".

358   Die fünf Kräfte sind: Vertrauen, Tatkraft, Sati (Achtsamkeit), Sammlung und Weisheit. (In ihrer schon aus den Fähigkeiten entwickelten Form.)

360   Diese Verse sollen vom Buddho an den Zweifler gerichtet worden sein. Yasadatto war tief bewegt, trat in den Sangho ein und wurde ein Araham.

411   Soll vom Buddho als Ermahnung gesprochen worden sein, niemals aufzugeben in der Übung. Kātiyāno - nach der Familie der Mutter.

416   Indrastamm - hier so viel wie „aus einem edlen, königlichen Stamm". Indra ist eigentlich eine alte vedische Gottheit. Die Buddhisten machten daraus den "Sakko", der völlig andere Eigenschaften hat.

422   Sohn der Visākhā. Er tritt in zwei Sutten des Samyutta auf (IV 35 und 37).

441 Wie unser "Theo-dor" - Gottesgabe.

453 Wurde kurz vor dem Tode des Buddho geboren. Soll 120 Jahre alt geworden sein. Trat unter Ānando in den Sangho ein und setzte sich besonders für die "Reinhaltung" der Lehre ein.

467 Aus reicher Familie in Sāvatthi. Wegen seines kleinen Wuchses "Zwerg" genannt. Zugleich aber auch "glücklich". Mit süßer Stimme soll er die Lehre vorgetragen haben. Sāriputto soll ihm die Körperbetrachtung "ans Herz" gelegt haben. Er gilt als Araham. Seine weiteren Verse geben ein Beispiel dafür, wie man übt, sich nicht von Musik "fortreißen" zu lassen.

522 Auswahl aus der sehr besonderen Folge von Versen, welche das Naturerleben in der Einsamkeit als Auslöser tiefer, meditativer Erfahrungen preist. Die Natur, das "Gewordene" (Bhūto) gilt hier als Ausdruck des "Gesetzes", des "Dhammo", als beste Hilfe auf dem "Weg".
"Vogelweg" ist ein bildhafter Ausdruck für den Himmelsraum.

530 Sohn eines der Minister von Suddhodano (Gotamos Vater). Am gleichen Tag wie Gotamo geboren, wurde er sein Spielgefährte. Später der wichtigste Ratgeber Suddhodanos. Dieser schickte ihn zum Buddho, kurz nach dessen Erwachen, mit der Bitte, in die Heimatstadt zurückzukehren.
Kāludāyī trat in den Sangho ein und begleitete den Buddho 60 Tage lang auf dem Weg von Rājagaha nach Kapilavatthu.

548 Einer der hervorragendsten Schüler des Buddho. War älter als er. War ein König. Als er das Wort "Buddha" hörte, soll ihn ein Schauer durchrieselt haben. Mahākappinos Frau trat bald nach ihrem Mann in den Sangho ein.

584 Der jüngere Bruder von Sāriputto. Starb an einem Schlangenbiß. Versuchte einige Extremübungen (zum "Abschütteln"). Der Buddho erklärte ihn zu den besten unter den "Rundum-Erlösten".

608 Sohn von Bimbisāro. Sein Bruder Ajātasattu wollte ihn töten lassen, doch Sīlavā belehrte die Schergen und sie traten in den Sangho ein.

637 Zu ihm soll der Buddho das Lautengleichnis gesprochen haben, weil er sich beim meditativen Gehen allzu sehr überspannte.

647 Der jüngste Bruder von Sāriputto. Galt als einer der besten Wald-einsiedler.

659 Gehörte zu einer Familie von Karawanenführern und zog nach dem Tod seines Vaters selbst mit großen Karawanen herum. Es wird erzählt, daß einer seiner Ochsen auf der Straße stürzte und als er das Tier schlug, soll dies mit menschlicher Stimme ihn verflucht haben. Daraufhin soll "Kuhselbst" all seinen Reichtum aufgegeben haben und in den Sangho eingetreten sein.

663 Indrasäule - zu Ehren des Königs der Götter errichtet. Oft vor den Stadttoren oder an wichtigen Straßen. Die Pāliform ist "Inda".

673 Gehörte zu den ersten Menschen, welche die Lehre "erkannten", daher der Name "der erkannt hat" - aññāto. Er war der erste Mönch im Sangho des Buddho, zu dem er sagte: *Komm, Bhikkhu! Geh den Weg!*
Soll 12 Jahre an Flußbänken gelebt haben.

693 Mit der Zähmung eines Elefanten wird gerne die Zähmung des Menschen verglichen, der sich dem Buddho und seiner SELBST-Zähmungslehre (sich selbst zum Heil hin zu drechseln) anvertraut.
Als Elefant (Symbol der majestätischen Überlegenheit und Stärke) wird auch der Buddho selbst bezeichnet und jeder seiner vollende-ten Jünger.
Udāyī war ein großer Lehrredner, sprach auch zu großen Men-schengruppen.

728 Acht von 28 Versen, die P. kurz nach des Buddho Tod gesprochen haben soll und kurz vor seinem eigenen Tod.

739 "Fünf bei Fünfen" spielt auf die fünf Sinne an und ihr Erregtwer-den durch die vielerlei Einflüsse beim Sehen, Hören, Riechen, Schmecken, Tasten.

866 Die berühmte Belehrungsgeschichte eines berüchtigten Räubers aus einer Brahmanenfamilie. In M 86 nachzulesen, wo sich auch die beiden bedeutungsvollen Verse finden, die sagen, daß wir den Buddho nie "einholen" können, sondern nur als Vorbild und Anre-ger zum Anhalten und Stehenbleiben haben sollten, als den jeweils individuellen, inneren Führer.

980 Achtgliederweg: Rechte Anschauung, rechte Gesinnung, rechte Rede, rechtes Tun, rechter Lebenserwerb, rechte Bemühung, rechte Achtsamkeit, rechte Sammlung.

1013 Zwei aus den insgesamt 30 Versen, die dem Sāriputto in den Mund gelegt werden, der auch der "Dhammaheerführer" genannt wird. Man vergleiche M 111 "Sāriputtos Lob". Es scheint mir ziemlich unwahrscheinlich, daß diese Verse wirklich von S. gesprochen worden sind. Die ganze Versfolge hat etwas Gestückeltes an sich.

1018 Auch Ānando werden 30 Verse zugeschrieben, die etwas von seinem Lebensgang im Orden nachzeichnen. Wahrscheinlich eine späte Dichtung.

1051 Der "große" Kassapo, zur Unterscheidung anderer Mönche des gleichen Namens. Ihm werden 40 Verse in den Mund gelegt, die seine Vorliebe für die strenge Form der Askese spiegeln. Seine Liebe zur Einsamkeit in der Natur. Seine Liebe zu den Vertiefungen. Auch auf des Buddho Empfehlung hin, wollte er die strenge Form der Askese nicht aufgeben. Es werden ihm magische Fähigkeiten nachgesagt. Als Kritiker gegenüber Mißständen im Sangho nahm er kein Blatt vor den Mund.
Durch den berühmten Robentausch mit dem Buddho fühlte er sich nach dem Tode des Meisters berufen, eine erste Mönchsversammlung einzuberufen, um den genauen Wortlaut der Lehrsätze und Ordensregeln festzusetzen. Im Laufe von sieben Monaten wurde so der Grundstock für den noch heute erhaltenen Pālikanon gelegt. Im Zenbuddhismus wird der große Kassapo als erster Patriarch gewürdigt.

1091 Er soll ein Schauspieldirektor gewesen und im Lande herumgezogen sein. Er soll den Buddho nach den Folgen des Schauspielerberufes gefragt haben und der soll eine niederschmetternde Antwort gegeben haben, die den T. in den Sangho "trieb".
In 50 Versen wird die Sehnsucht nach einem abgeschiedenen Leben besungen. *Wann wird es endlich sein?* - T. wurde schließlich auch ein Araham.

1165 Mahāmoggalāno war der 2. Hauptschüler des Buddho, neben Sāriputto. Auch ihm werden große "magische" Fähigkeiten nachgesagt. Zahlreiche Legenden knüpfen sich an seine Gestalt. In M 15 ist eine Lehrrede überliefert, die M. als Ethiker ausweist. Er gibt darin genaue Anweisungen für die Gewissenserforschung. Er starb, etwa achtzigjährig, bald nach Sāriputto.

1198 Auch im "Himmel bei den Göttern" wird die Lehre verbreitet, darum gibt es dort auch eine "Dhammahalle". "Suddhammo" ist die "Gute Lehre", die auch die "Götter" aus ihrem Vergänglichkeitselend herausführt.

1224 Eine Folge von 70 Versen wird dem Vangīso zugeschrieben. Sie sind voller Gleichnisse und mythologischer Anspielungen. Ganz passend zu dem großen Gleichnisredner und Dichter unter den Buddhamönchen. Die Versfolge ist ein einziges großes Lob des Buddho und seiner Fähigkeiten. Auch Mitmönchen werden Verse gewidmet.
V. soll vor seinem Eintritt in den Sangho aus den Schädeln Verstorbener haben ablesen können, wo sie wiedergeboren worden sind. Bei einem Araham kam er in Verlegenheit und wollte das Geheimnis des Nibbānam selbst erfahren. So trat er in den Sangho ein.
Vangīsos Verse standen in so hohem Ansehen, daß 12 von ihnen zweimal überliefert sind.

Anmerkungen

zu den

Therīgāthā

6	Aus dem Hofstaat von Suddhodano, des Buddho Vater. Zog mit Pajāpatī, Gotamos Pflegemutter, hinaus und trat in den Sangho ein.
11	Wörtlich und übertragen zu nehmen. Den Frauen oblag das Zerstoßen des Korns (zu Mehl). Soll einen buckligen Mann gehabt haben und bat ihn, in den Sangho gehen zu dürfen.
12	Tritt in M 44 auf, erklärt dort gut alle Lehr-Elemente. Galt darum als hervorragende Lehrrednerin. Unterwies die Sukhā.
13	Nicht identisch mit der berühmten und vielbeschriebenen Laienanhängerin Visākhā. Die Therī Visākhā gehörte zu jung Gotamos Harem und verließ die Welt gemeinsam mit Gotamos Pflegemutter.
15	Gehörte auch zu Gotamos Harem und zog mit seiner Pflegemutter los.
16	Tochter des Königs von Kosalo und Schwester von Pasenadi. Gilt als besondere Laienanhängerin, soll rasch den "Stromeintritt" erreicht haben. Trat im Alter in den Sangho ein.
17	Wollte in den Sangho, aber ihr Mann erlaubte es nicht. Nach seinem Tod trat sie dann als alte Frau ein. Der Vers sagt, daß sie durch die Betrachtung des eigenen Alterselends befreit wurde.
18	Gehörte auch zum Hofstaat des Prinzen Gotamo und zog mit Pajāpatī hinaus.
57	Dieser Vers wird dem Māro in den Mund gelegt.
59	Diese Zeile muß "recht" aufgefaßt werden im Sinne einer Entwicklung: Erst kommt das Freudensglück, dann das Friedensglück. Der Buddhaweg geht über die Freude, nicht über das Leiden (die Selbstquälerei). Vergleiche in M 22 "Das falsche und rechte Anfassen der Lehre". Der Gedanke, die Freude wäre zu "töten", ist nicht glücklich. Die Freude kommt im inneren Frieden zur Ruhe. Nicht zu vergessen ist auch, daß der Buddho seine erste Belehrung mit dem Anruf begann: *Freut euch, das Todlose ist gefunden!*

"Endiger" ist eine anschauliche Bezeichnung für den Tod, der dem Leben insgesamt immer wieder ein Ende (und einen Anfang) setzt, der jedem Entstehen das Vergehen auferlegt. An dem "Endiger-Gesetz" nicht mehr zu leiden, ist das Ziel der Buddha-Nachfolge.

72   Sie soll versucht haben, den Moggallāno zu verführen, doch der blieb standhaft und belehrte sie. Sie wurde Laienanhängerin und ging später in den Sangho, wurde befreit. Alles ist möglich unter dem Einfluß der "rechten Lehre". Es heißt: *Nach großer Anstrengung wurde Vimalā befreit.* Aus der "Befleckten" wurde die "Fleckenlose".

103   Elemente sind Erde, Wasser, Feuer, Luft.

112   Von ihr wird eine dramatische Leidensgeschichte erzählt vom Verlust des Ehemannes, dreier Kinder und der Eltern. In ihrer grenzenlosen Trauer soll sie immer rund um Sāvatthi gelaufen sein und dabei ihren "Mantel" verloren haben. Daher ihr Name "Mantelgeherin". Beim Buddho fand sie endlich Trost und trat in den Sangho ein. Sie wurde eine große Lehrrednerin und viele trauernde Frauen suchten ihre Nähe und Unterweisung. So gilt sie bis heute als Vorbild zur Überwindung der Trauer durch Verinnerlichung der Lehre von der Vergänglichkeit. Der Buddho soll sie zu einer der besten Therīs gezählt haben in der Beherrschung der Ordensregeln.

127   Eine Versfolge zum Ruhme der Belehrungskraft der Patācārā.

135   Häufiges Beiwort für den Buddho. "Gut gegangen."

139   Der Buddho zählte sie zu seinen besten Schülerinnen wegen ihrer großen Einsichtsfähigkeit. Sie war die Hauptfrau des Königs Bimbisāro. Wird auch als "die Nonne schlechthin" geschildert.

147   Ein Park bei Sāketo, Wildpark, in dem sich der Buddho häufig aufhielt. Benannt nach den bunten Blüten einer Kletterpflanze, die dort wuchs.

155   Die Befreiungsstufe des "Nichtwiederkehrens" in diese Welt, nach den ersten beiden, dem "Stromeintritt" und dem "Noch-einmal-Wiederkehren".

157 Des Buddho Tante, Schwester seiner Mutter Māyā, die ihn aufzog, als die Mutter schon sieben Tage nach der Geburt starb.
Nach dem Tod von Suddhodano, mit dem sie auch verheiratet war, entschloß sich P. hinauszuziehen und bat den Buddho um Erlaubnis eines weiblichen Sangho. Der Buddho lehnte erst ab, stimmte dann aber auf Bitten Ānandos zu unter acht Bedingungen.
Sie hatte viele Anhängerinnen. Soll 120 Jahre alt geworden sein.
In M 146 ist eine Lehrrede an die Nonnen überliefert, die Nandako gesprochen haben soll.

Die 8 Sonderregeln für Nonnen lauten:

1. Eine Nonne soll, auch wenn sie schon vor hundert Jahren die Weihe erhalten hat, einen neu geweihten Mönch ehrerbietig begrüßen, sich vor ihm erheben, mit dem Handgruß Achtung erweisen.
2. Keine Nonne soll die Regenzeit an einem Ort verbringen, an dem kein Kontakt mit Mönchen des Ordens möglich ist.
3. Alle 14 Tage soll die Nonne für den Uposathatag um den Besuch eines belehrenden Mönchs bitten.
4. Nach der Regenzeit soll sich die Nonne beiden Ordensgemeinschaften zur Befragung nach Fehlern und Vergehen stellen.
5. Hat eine Nonne ein schweres Vergehen begangen, muß sie nicht nur 6, wie ein Mönch, sondern 14 Tage lang beiden Ordensgemeinschaften Abbitte durch bestimmte Übungen leisten.
6. Vor der Aufnahme in den Nonnenorden hat sich jede Frau zwei Jahre lang in den fünf Sīlas (bei voller sexueller Enthaltsamkeit) zu üben und nur einmal am Tag morgens Nahrung zu sich zu nehmen. Danach wird von beiden Gemeinschaften die Aufnahme ausgesprochen.
7. Eine Nonne darf unter keinen Umständen einen Mönch beschimpfen und kritisieren.
8. Eine Nonne darf niemals einen Mönch von sich aus ansprechen und ihn etwas fragen, sondern muß warten, bis sie von ihm angesprochen wird.

Aus diesen Sonderregeln sind unschwer die Ängste vor dem Weiblichen zu erkennen und eine außerordentlich starre, mannbetonte (patriarchale) Haltung, trotz der grundsätzlichen Anerkennung der weiblichen Fähigkeiten im Geist. In der frühbuddhis-tischen Lehre wird darum auch ausgeschlossen, daß je in irgendeinem Zeitalter eine Buddhā, eine weibliche "Erwachte" erscheinen könnte.

189   Eine der drei Schwestern von Sāriputto, die ihm alle in die Welt-
       flucht folgten.

213   Sie trauerte um ihr gestorbenes Kind und bat den Buddho, es
       wieder lebendig zu machen. Der sagte nur: *Bringe mir ein Senf-
       korn aus einem Haus, in dem noch nie ein Mensch gestorben ist!*
       Das genügte schon. Überliefert in der Gruppensammlung, Samyut-
       ta V, 3.

217   Menschenmörder bezieht sich auf eine Fehlgeburt, die so gefähr-
       lich ist, daß sowohl Mutter wie Embryo sterben können.

221   Verzehrt von den Flammen oder von Würmern ("Würmerclan").

224   Soll über "magische" Fähigkeiten verfügt, also "Wunder" voll-
       bracht haben.

228   Die hohen Kräfte sind Vertrauen, Tatkraft, Achtsamkeit, Samm-
       lung und Weisheit.
       Die sechs tieferen Wissen kommen in den älteren Texten nur sel-
       ten vor, nur einmal am Ende der Längeren Sammlung. Sie be-
       schreiben außergewöhnliche seelisch-geistige Fähigkeiten, die
       durch meditative Übungen von manchen erreicht werden können.
       1. Sogenannte "magische" Fähigkeiten im weitesten Sinne (Sug-
           gestion einer Aufhebung der Naturgesetze).
       2. Das "himmlische Ohr", das Hören von Stimmen aus dem "Jen-
           seits".
       3. Das Lesen der Gedanken anderer.
       4. 5. und 6. sind identisch mit den drei Wissen (siehe dort).

252   Wurde unter einem Mangobaum als Säugling gefunden. War
       besonders schön. Viele Prinzen warben um sie. Sie wurde eine
       Kurtisane. Hörte den Buddho noch kurz vor seinem Tod. Schenkte
       dem Sangho ihren schönen Park, den sie erworben hatte.
       Die Betrachtung ihres alten, welken Körpers, als sie in den Sangho
       eingetreten war, ist eine gelungene Vergänglichkeitsbetrachtung
       und trifft somit gut den Kern der Lehre, das "echte Wort".
       Vergl. auch den Vers 113 aus dem Dhammapadam:

           Mag einer hundert Jahre leben
           und sieht Entstehn-Vergehen nicht, -
           ein Tag das Leben besser ist
           dem, der Entstehn-Vergehen sieht.

276	Gemeint sind Gier, Haß, Verblendung.
290	Eine Anspielung auf das "innere Bad" des geistig-seelischen Wohlbefindens, das der gesammelte Geist (das gesammelte Herz) und die Vertiefungsübungen beim Stillsitzen gewähren.

290 Eine Anspielung auf das "innere Bad" des geistig-seelischen Wohlbefindens, das der gesammelte Geist (das gesammelte Herz) und die Vertiefungsübungen beim Stillsitzen gewähren.
Immer wieder hat der Buddho erklärt, daß das rituelle Bad nicht viel wert ist, wenn keine inneren Umwandlungen in Gang gesetzt werden. Vom Denken geht alles aus, nicht vom Baden. Insofern ist der Buddho ein "Bademeister" ganz besonderer, unerhörter Art.
Im alten Brahmanentum wurde die religiöse Ausbildung mit einem rituellen Bad abgeschlossen. Dieser Brauch übertrug sich dann symbolisch auf einen Menschen, der zur Reife in der Buddha-Lehre gelangt war, also auf den Buddho selbst oder einen seiner Arahants.

291 Diese Versfolge, die das verzweifelte Ringen einer Ehefrau und Mutter um den Verbleib des Mannes im Haus und im Glück der Ehe zum Inhalt hat, soll nach Ansicht von Richard Pischel, der die Verse herausgab, sehr alt sein. Ebenso wie die nächste Versfolge der Sundarī.
Mit dem "Hinübergehen" ist das Aufgeben der Lust an den Sinnen-freuden gemeint, zu welchem Zweck ein Mann eben in die "Haus-losigkeit" zieht. Und oft eine Frau später auch.
Man geht hinüber auf die Insel des Friedens und der Stille in sich selbst.
Bau dir die Insel deines SELBST!

338 Tochter eines reichen Goldschmieds.

358 Die helle Hälfte in uns, das sind unsere geistigen Fähigkeiten, ist unsere Anlage zum Streben nach Idealen - und seien sie noch so fern und kaum möglich zu verwirklichen. Die helle Hälfte ist unser Wertmaßstab, der Gegenpol zum triebhaft Vitalen, das zu zügeln ist.

364 Fähigkeiten: Die körperlichen, seelischen und geistigen Fähigkei-ten, die unser Menschsein, unser Leben ausmachen, die uns be-herrschen und lenken, die wir aber auch in gewisser Weise beein-flussen können. Im Sinne dieser lenkenden, zügelnden Kraft spie-len die "Fähigkeiten" (die zu "Indra", dem Weltenherrscher gehö-ren) in der buddhistischen Ethik eine zentrale Rolle. Insbesondere werden stets fünf Fähigkeiten genannt, die zu "Kräften" zu ent-wickeln sind:

1. das Vertrauen (in die Lehre des Buddho),
2. die Tatkraft (an sich und seinen Fähigkeiten zu arbeiten),
3. die Sati (die achtsame Beobachtung aller inneren und äußeren Geschehnisse),
4. die Sammlung (die Vertiefungs- und Konzentrationsübungen in der Meditation) und
5. die Weisheit (die Fähigkeit, vernünftig zu überlegen und vorzugehen).

365   Sakko - der König der Götter, wird mit vielen Namen belegt. Birgt die wesentlichen Teile altindischer Mythologie, jedoch "buddhistisch" umgeprägt. Ein Götterkönig muß nun auch "in die Lehre gehen", um endlich aus seinem Götterwahn zu "erwachen".

366   Wegen der Schönheit ihres Körpers hieß sie so.
In diesen Versen wird die frühmenschliche Neigung zur Wundergläubigkeit anschaulich. So klingt ein "Märchen aus uralter Zeit". Das Symbol wird für Realität genommen, wörtlich aufgefaßt. Was hier "ausgerissen" wird, ist etwas ganz anderes als das Auge.

384   Meru (Sineru) - in früher Vorstellung das Zentralgebirge der Welt, von sieben weiteren Bergen umgeben. Auf seinem Gipfel beginnt die Götterwelt. An seinem Fuße hausen die Riesen. Wird gerne als Gleichnis für Unerschütterlichkeit benutzt und für unvorstellbare Größe.

399   Das Zeichen des Besten. In der Mythologie werden 32 Kennzeichen eines "großen Menschen" aufgezählt.

450   Tochter des Königs Koñca von Mantāvatī. Sie sollte mit Anikaratto, dem König von Vāranavatī vermählt werden, konnte aber keinen Sinn mehr in einer Ehe sehen, nachdem sie oft die "Lehre" des Buddho von Nonnen gehört und für sich meditiert hatte.
In 74 Versen wird sehr anschaulich geschildert, wie sie sich bei Ankunft des reich geschmückten Königs die Haare abschneidet, in ein Zimmer zurückzieht und sich vertieft (in die erste Vertiefung eingeht). Zuvor bat sie die Eltern, als Nonne hinausziehen zu dürfen, doch die lehnten ab. Anikaratto versucht vergeblich, sie als Königin für sein Reich zu gewinnen.
Da weinen die Eltern und der Königssohn und Sumedhā spricht zu ihnen die Verse ab 495 *Lang ist der Toren Weltenlauf,* welche im Kern die ganze frühe Buddhalehre enthalten.

Anikaratto sieht die Vergeblichkeit seines Werbens ein und bittet die Eltern, Sumedhā fortziehen zu lassen.
Am Schluß folgen noch "märchenhafte" Verse von früheren Aufenthalten der Sumedhā nach Art der Wiedergeburtsgeschichten, die auf eine späte Entstehung der Dichtung hinweisen.

469 Anderer Nahrung - z.B. von großen Tieren oder von Würmern.

477 Die zehn Kräfte werden nur in M 12 aufgezählt, im Suttam vom Löwengebrüll. Über sie verfügt nur ein "vollendeter" Mensch im Sinne der buddhistischen Befreiungslehre. Durch die 10 Kräfte wird das "Brahmareich" in einem ganz neuen Sinne aufgebaut. Die zehn Kräfte erschließen ein völlig neues Verständnis des Lebens und seiner Gesetze im buddhistischen Sinne.
Es heißt, der Vollendete verstehe "der Wirklichkeit gemäß":
1. Einen "Fall" als Fall und einen "Nichtfall" als Nichtfall. Das heißt, er kann sicher unterscheiden, was überhaupt möglich und nicht möglich ist.
2. Er versteht die Ursachen und Folgen unseres körperlich-seelisch-geistigen Wirkens in der Vergangenheit, Gegenwart und Zukunft.
3. Er versteht den Weg, der zu allem Guten führt.
4. Er versteht die Welt in all ihren vielfältigen, unübersehbaren Einzelheiten (Elementen).
5. Er versteht der Wesen so unterschiedliche Anlagen.
6. Er versteht die Absichten anderer Wesen und anderer Menschen.
7. Er versteht das Erreichen des Befreitseins in der Vertiefung und Sammlung (Samādhi), die Unreinheit und Reinheit der Vertiefungszustände und das Auftauchen aus den Vertiefungen.
Die Kräfte 8. 9. und 10. sind identisch mit den "drei Wissen" (siehe dort).

490 Das Fleischfetzengleichnis zur Abwertung der Sinnenverhaftung: Raubvögel streiten sich um einen Fetzen Fleisch, zerren daran herum. Keiner gönnt dem anderen etwas, jeder will das Fleisch für sich...

497 Vepullo (der Volle) heißt der höchste der fünf Berge, die Rājagaha umgeben.

Benutzte Quellen und Literatur:

Textvorlage für die Neuübertragung:
Theragāthā, herausgegeben von Hermann Oldenberg 1883, von der Pāli-Text-Society Oxford 1990 neu aufgelegt.

Therīgāthā, herausgegeben von Richard Pischel 1883, von der PTS 1990 neu aufgelegt.

The Pāli Text Society's Pāli-English Dictionary, herausgegeben von T.W. Rhys Davids und William Stede, London 1986.

Achim Fahs: Grammatik des Pāli, Verlag Enzyklopädie, Leipzig 1989.

Dictionary of Pāli Proper Names von G.P. Malalasekera, neu herausgegeben von der Pāli-Text-Society Oxford, 1997 (erste Auflage 1938).

A.K. Warder: Introduction to Pāli,
Pāli Text Gesellschaft 1984.

Otto Franke: Die längere Sammlung der Lehrreden des Buddha,
Vandenhoek und Ruprecht, Göttingen 1913.

Karl Eugen Neumann: Gesamtausgabe seiner Übertragungen aus dem Pāli-Kanon in drei Bänden. Artemis Verlag Zürich 1957.

Die Mittlere Sammlung auf Pāli, herausgegeben von der PTS.

Paul Dahlke: Buddhismus als Religion und Moral, Oskar Schloß Verlag, München, 1923, 341 Seiten.

Dhammapada, Arkana Verlag, Heidelberg 1970, mit einer Neufassung der Erläuterungen durch Helmut Klar.

Nyānaponika: Sutta-Nipāta, neue Übertragung mit Erläuterungen, Verlag Christiani, Konstanz 1977, 400 Seiten. Band 6 der Buddhistischen Handbibliothek.

Hellmuth Hecker: Die Ethik des Buddha, ein Handbuch zu meditativer Lebensführung.
2. Auflage Hamburg 1976, 386 Seiten. Schriftenreihe des Buddhistischen Seminars in Bindlach.

Alfred Weil:
Wege zur Todlosigkeit. Tod und Transzendenz in der Lehre des
Buddha.
Universität Konstanz: Forschungsprojekt "Buddhistischer Moder-
nismus", Forschungsbericht Nr. 8, 1993.

Gotama Buddha: Mein Weg zum Erwachen.
Eine Autobiogaphie. Auf der Grundlage des Pāli-Kanons heraus-
gegeben und gestaltet von Detlef Kantowsky und Ekkehard Saß.
Zürich, Benziger Verlag 1996.

Klaus Mylius:
Geschichte der altindischen Literatur
Bern/München/Wien: Scherz, 1988.

Ekkehard Saß über sich selbst

Ich wurde 1932 in Berlin geboren, wo ich die Volksschule und bis 1950 das humanistische Gymnasium besuchte. In meinem Elternhaus herrschte eine freigeistige, tolerante Gesinnung. Die Christenlehre blieb mir fremd. Vom "Religionsunterricht" war ich befreit. Früh begann ich das Musikstudium (Blockflöte, Klavier).

In der Bücherei meines Vaters, der 1944 in Italien bei Monte Cassino sein Leben lassen mußte, fand ich Paul Dahlkes Buch BUDDHISMUS ALS RELIGION UND MORAL. Als ich es 1949 gelesen hatte, wußte ich sofort, wo ich noch am ehesten neben meiner humanistischen Weltanschauung hingehören könnte. Eine tiefe Liebe zu dem "Besten aller Menschen" war in mir geweckt worden. Ich hatte meine innere Schutzinstanz gefunden und blieb ihr treu mitten im Aufbruch in die lockende Fülle des Lebens.

Ich begann 1950 ein Schauspiel- und Gesangsstudium, das ich mir nach der Schulzeit als Bauhilfsarbeiter beim Enttrümmern von Berlin verdiente. 1952 lernte ich meine spätere Frau kennen, mit der ich nun bald fünfzig Jahre auf der Lebensreise bin und die mir half, den so mühsamen Weg in den freien Künstlerberuf zu finden.
Bei der Filmsynchronisation und im Rundfunk verdiente ich mir die ersten Sporen als Schauspieler und Sprecher.
Von 1956 bis 1966 war ich Schüler und Korrepetitor bei dem großen Sänger und Pädagogen Paul Lohmann in Wiesbaden und lernte nebenher von 1958 bis 1961 die spanische Sprache (Romanistik) am Dolmetscherinstitut der Universität Saarbrücken, um zur Not den Beruf eines Übersetzers ergreifen zu können.
1960 begann ich meine kurze Sängerkarriere als Liedersänger und Evangelist. Gleichzeitig konnte ich im Saarländischen Rundfunk und 1961 im Südwestfunk als Sprecher Fuß fassen und begann schon damals, auch Programme (kulturelle Sendungen) für den Rundfunk zu schreiben, nachdem ich mit einigem Erfolg für verschiedene Zeitungen Feuilletons verfaßt hatte.

Eine schwere allergische Erkrankung zwang mich, ab 1966 meine geliebten Stimmberufe allmählich aufzugeben.
Ich ließ mich mit meiner Frau in Baden-Baden (Varnhalt) nieder, wo wir 1967 ein Haus bauten, das wir noch heute bewohnen.
1966 adoptierten wir ein Kind (eine Tochter).
Im gleichen Jahre begann meine Tätigkeit als Rundfunkautor, die ich als "Freier Mitarbeiter" für alle deutschen Sendeanstalten bis 1992 ausgeübt habe.

In einem eigenen Tonstudio bereitete ich zu Hause die kleinen und großen "Produktionen" vor, hörte die Tonaufnahmen ab, schrieb die Protokolle, schnitt die Zuspielbänder und erstellte das Sendemanuskript.

So entstand ein umfangreiches Werk von 350 Sendungen (Manuskripten) und hunderten von Tonbändern und Tonbandprotokollen. Vom Fünf-Minuten-Hörbild bis zur Soiree von zweieinhalb Stunden ist da alles vertreten. Für fast jede Abteilung des Rundfunks (außer Sport) konnte ich tätig sein. Thematisch war ich nicht festgelegt, arbeitete mich gerne in unbekannte Gebiete hinein und scheute mich nicht, mit dem Tonbandgerät auch in Grenzbereiche zu gehen und dort für kurze Zeit mit den Menschen zu leben. (Fischfang vor Ostgrönland, Walfang in Norwegen, Mönche, Suchtkranke, Hirnverletzte).

Mein Hauptinteresse lag in der großen Funkform des ausgefeilten Hörbildes mit Originaltonaufnahmen (Dokumentation). Mein beruflicher Einsatz wurde mit einer Reihe von Preisen belohnt, darunter 1971 der Hörfunkpreis der Freien Wohlfahrtspflege für meine Sendung AUF DER WARTELISTE (Das geistig behinderte Kind und die Gesellschaft) und 1976 der internationale PRIX ITALIA für mein "Porträt eines Orchesters", das den Titel trug WIE EINE STAUBWOLKE VON NOTEN.

In dieser langen Berufszeit lernte ich sehr viele Menschen, sehr viele Anschauungen kennen, drang in viele Bereiche des Lebens ein und kehrte immer wieder in die Einsamkeit zurück, um über alles nachzudenken und zu berichten. Und ohne mir dessen ganz bewußt zu sein, verlor ich dabei nie "meinen" Gotamo aus den Augen und aus dem Herzen, betrachtete meine Erfahrungen gerne im Spiegel der "Wahrheit vom Leiden". Immer wieder zog es mich zu den "Zeichen des Buddho", dachte ich über seine wichtigsten Lehren nach. Sie gaben mir viel Kraft zum Durchhalten, ermahnten mich zu Geduld und Ausdauer. Wie gut war es, immer wieder auf sich selbst verwiesen zu werden, um nicht allzu viel von anderen (von der "Welt") zu erwarten. Ich begriff bald, daß in mir selbst alles beginnt, heranwächst, reift, sich verändert - und wieder zu einem Ende kommt. Mein Beruf hatte mit dauerndem Abschiednehmen zu tun.

Als ich auf die Fünfzig zuging, wurde die Stimme des Buddho noch einmal und nun wohl erst recht ganz laut und eindringlich und lud mich zu "Experimenten" ein. Es begann die Zeit, da ich in jeder freien Minute mich mit den alten Texten befaßte und alles "verschlang", was nur über "Buddhismus" geschrieben wurde. Das war sehr viel, wie ich bald feststellte, eigentlich viel zu viel.

Alle beriefen sich da auf "ihren" Meister und alle glaubten sie, das einzig Wahre und Echte erkannt zu haben. Was sollte dieser "Buddho" nicht alles gesagt haben!

Nachdem ich mich mit allen Schulrichtungen etwas vertraut gemacht hatte, hielt ich mich mehr und mehr an die Quellen und fand da in fast übertriebener Mannigfaltigkeit etwas ganz Einfaches immer und immer wiederholt. Und das war es dann schließlich, was meine Experimentierlust in Gang setzte und mich zur "Tat" schreiten ließ, zur "Tat der Nichttat" im einfachen Stillsitzen und Beobachten.

Es ging darum, zurückzutreten, still zu werden, nicht mehr so furchtbar viel zu wollen. Unaufhörlich konfrontierte ich nun die hohen idealen Werte mit der "Härte der Realität" und begann den aufregenden Prozeß der "Selbstdrechselung", der mich schon in meiner Jugend in Atem hielt, energischer fortzusetzen, mein Leben in friedlichere, entspanntere Bahnen zu lenken. Ein ganz und gar individueller Vorgang war das, der für jeden anders verlaufen wird, je nach seinem Charakter und seinen geistig-seelischen Fähigkeiten.

1980 kam ich zum ersten Mal in meinem Leben mit deutschen "Buddhisten" in persönlichen Kontakt. Ich hatte, auf meinen Wunsch hin, den Auftrag bekommen, über "Buddhismus in Deutschland" im Rundfunk zu berichten. Jetzt konnte ich m e i n "Verständnis" mit dem der a n d e r e n vergleichen und stieß gleich auf recht unterschiedliche Schulrichtungen. Als "Kenner der Lehre" wurde ich sofort ernst genommen.

Mein Einsatz für die Kriegsdienstverweigerung (als Autor und als Mitglied in den damals üblichen Prüfungsausschüssen) führte mich dann zur ÜBERPRÜFUNG MEINER FRIEDFERTIGKEIT, die wider Erwarten zu einem großen Echo unter den buddhistischen Freunden führte. (Erstausstrahlung vom Sender Freies Berlin am 11.5.1982). Ich fühlte mich jetzt schon fast wie einer von ihnen. Und das sollte noch weitergehen.

Mein großes Thema wurde die Einsamkeit, worüber ein Taschenbüchlein im Herder-Verlag (Nr. 1340) entstand. Erschienen 1987 unter dem Titel GUT IST ES ALLEIN ZU SEIN. Leider ist dieses Bändchen vergriffen. Das berufliche Schreiben geriet nun mehr und mehr unter den Einfluß des friedfertigen und toleranten Denkens und für mich selbst begann ich mit regelmäßigen (wöchentlichen) Betrachtungen über buddhistische Begriffe und Werte und darüber, wie sie sich in meinen Alltag hereinholen ließen. So entstanden von 1983 bis 1998 vierzehn Bände "Uposatha-Betrachtungen", von denen eine ganze Reihe mehrere Jahre lang in den Hamburger Buddhistischen Monatsblättern abgedruckt wurden. Einige dieser Texte versammelte ich in dem Taschenband 1657 bei Herder, den ich VOM GLÜCK DER STILLE benannte und der leider auch schon vergriffen ist (erschienen 1989). Alle diese Texte sollten nichts als Sammlungs- und Überprüfungsübungen sein und nur von meinen eigenen Erfahrungen berichten. Dabei klangen sie natürlich so, als ob der Schreiber das schon alles "beherrschen" würde, was er da so überzeugend proklamierte. Es tat gut, sich einmal zum Sprachrohr einer großen Idee zu machen, doch blieb ich mir stets meines Beobachterpostens bewußt und gab nie meinen kritisch analysierenden Geist auf. Nie nahm ich alles, was ich da zu lesen bekam, für bare Münze. Die Textberge, auf die ich unverdrossen kletterte, waren mir nicht mehr als Versuche vieler strebender Menschen, i h r e n Weg zu finden und i h r Verständnis für die "Weisheiten" einer sehr fernen und fremden Lehre, die doch immer wieder die Nachdenklichen in ihren Bann gezogen hatte.

Meine "Tiefenbohrung" setzte ich dann 1989 mit dem Pāli-Selbststudium fort, das mir größte Nähe zu den Quellen schenkte. Immer im "Nashorn"-Alleingang drang ich weiter vor, erschloß mir die alten Texte und las bald die Lehrreden im Original, schrieb mir die Kernsätze Tag für Tag in meinen Kalender und bedachte sie im Spiegel der alltäglichen Realität.

So kam es dann wie von selbst zur Übertragung der großen Verssammlungen ab 1993 und zur Autobiographie des Buddho (1995) gemeinsam mit Detlef Kantowsky, den ich 1986 in Wachendorf kennengelernt hatte, wie auch Alfred Weil. Wir betrieben damals die staatliche Anerkennung der buddhistischen Religionsgemeinschaft in Deutschland, was aber an der geringen Zahl der Bekenner scheiterte. Wie schnell man in einer "Organisation" aufgehen kann, erfuhr ich dort, als ich zu meinem größten Erstaunen gleich in den Vorstand der Religionsgemeinschaft gewählt wurde. Viel konnte ich nicht ausrichten, doch gründeten wir eine "Arbeitsgemeinschaft für Öffentlichkeitsarbeit" und es gelang mir, einige eigene Rundfunksendungen im NDR Hannover unterzubringen in der Sendereihe "Was glauben die anderen?"

Nicht zuletzt unter dem Einfluß meiner "Übungen" gab ich mit 60 Jahren den Beruf aus Rundfunkautor auf, um mich nur noch meinen eigenen Zielen (dem Weg nach innen) zu widmen.

1993 setzte ich meinem Lehrer Paul Lohmann, der mich in das Leben hineingeführt hatte, ein Denkmal in Form einer Brief-Biographie und 1994 dann meinem Lehrer Gotamo, der mich aus dem Leben wieder hinausführen wollte, das Denkmal seiner Autobiographie (MEIN WEG ZUM ER-WACHEN). Seit 1995 schreibe ich meine eigene Biographie.

Das Pāli-Studium hatte einen unglaublich starken Einfluß auf den Umgang mit meiner eigenen Sprache. Unsere einmalig schöne deutsche Sprache wurde wie aus einer klaren Quelle belebt und zeigte ihre große Gabe, sich einer fremden Sprache elegant anzuschmiegen. Jede Form von Buchstabengläubigkeit schwand dahin im täglichen, lebendigen Umgang mit der eigenen und fremden Sprache. Immer entscheidet doch der lebende Geist, was für ihn wichtig und förderlich ist.

So gewann für mich im Laufe der langjährigen Praxis das "Buddha-Prinzip" Dimensionen, die weit über das kultur-historisch Bedingte und auf asiatische Mentalität Beschränkte hinausgingen.Nicht zuletzt auch unter dem für mich bedeutsamen Einfluß der Philosophie des großen Nicolai Hartmann (DER

AUFBAU DER REALEN WELT). Der Geist ist kein statisches Phänomen, er baut sich nicht selbst sein Gefängnis. Was vor 2500 Jahren geschah, kann nicht in alle Ewigkeit fortbestehen. Jeder Kulturkreis, jedes Volk, jede Zeit hat eigene Gesetze des "Erwachens" und Wiedereinschlafens. Nicht einmal Indien hat die glasklare Lehre seines berühmtesten Sohnes länger als ein paar hundert Jahre leben können. Das Buddhaprinzip hat immer von neuem sein Ziel gefunden, setzte Wandlungen in Gang aus seinem unwandelbaren Kern heraus. Ich sehe in ihm heute den universalen Ansatz zu einem integralen Bewußtsein und freien Lebensvollzug. Falsche Überbewertung des Mönchtums und selbstquälerischer Askese sind ebenso zu überwinden wie die im ganzen allzu patriarchalische Struktur in den überlieferten Urtexten. *Nichts von heilig - große Weite*, das sollte das Stichwort für einen universalen, kritischen Buddhismus werden, der den Menschen der kommenden Zeit hilfreich sein könnte. So aufgefaßt, kann er wie kaum ein anderes geistiges System dem einzelnen Menschen seine Freiheit und Würde verleihen. Allzu lange hat anmaßendes Denken den menschlichen Geist versklavt. Die Zeit der Selbständigkeit ist gekommen, die Zeit des Mutes zum individuellen Ethos, welches das Ethos jedes anderen Menschen auf dieser Erde wohlwollend respektiert, weit entfernt von jeder "kirchlichen" Organisation. Die Zeit des "Glaubensfanatismus" ist endgültig vorbei.

Deshalb weiß ich auch nicht, ob es gut ist, mich einen "Buddhisten" zu nennen. Eigentlich vermeide ich das. Im traditionellen, "frommen" Sinne bin ich das ja auch nicht. Mit jedem "Stempel" setze ich mich schon viel zu sehr in "Gegensatz". Ich habe durch die "Übungen" sehr viel gewinnen können. Ohne Zweifel habe ich wohl auch ein gewisses "Talent" dafür mitgebracht. Mehr und mehr wurde ich in mir selbst gewiß und gewann große Unabhängigkeit. Das ist ja auch das Ziel eines jeden guten Lehrers, wieder unabhängig von ihm zu machen. *Zum Loslassen zeige ich die Lehre, nicht zum Festhalten!* Mein "Sehen" wurde sozusagen weiter, mein ICH-Gehäuse durchsichtiger.

So habe ich allen Grund, am Ende des Lebens dankbar zu sein. Die unglaublichen Überforderungen und Überspannungen eines idealen Systems sind überwunden. Frei fühle ich mich im Denken und meine, im Umgang mit dem menscheneigentümlichen Leiden einen kleinen Fortschritt gemacht zu haben. Aufheben können wir es ja nicht. Es bleibt unser Lehrmeister, genauso wie der Tod. Er wird Wohltat sein und um seinetwillen können wir das Leben lieben, denn wer wollte wohl im Ernst "ewig" leben?
Dies vor allem und immer wieder gerne lerne ich von dem Lehrer, den ich liebgewann und der mir beibrachte, die Wirklichkeit so zu sehen, wie sie nun einmal ist, mit allen Grenzen meiner Erkenntnisfähigkeit.

Baden-Baden, den 6.2.2001

Namensregister (Mönche)

Namensregister (Nonnen)